Sigrid-Maria Größing
Die Genies im Hause Habsburg

Sigrid-Maria Größing

DIE GENIES IM HAUSE HABSBURG

Mit 19 Abbildungen

AMALTHEA

Bildnachweis

ONB/picturedesk.com (S. 12, 28, 50, 77, 120, 174), ullstein bild/ Ullstein Bild/picturedesk.com (S. 40, 90, 219), k. A./Imagno/ picturedesk.com (S. 68), Imagno (S. 105), Museo de Mallorca, Archivo Fotográfico J. Juan Tous (S. 190), Archiv des Amalthea Verlages.
Der Verlag konnte in einzelnen Fällen die Inhaber der Rechte nicht ausfindig machen. Er bittet, ihm bestehende Ansprüche mitzuteilen.

Besuchen Sie uns im Internet unter
www.amalthea.at

© 2011 by Amalthea Signum Verlag, Wien
Alle Rechte vorbehalten
Schutzumschlaggestaltung: Kurt Hamtil, verlagsbüro wien
Umschlagabbildung: Kaiser Leopold II./© Imagno
Lektorat: Carina Kerschbaumsteiner
Herstellung: studio e, Josef Embacher
Gesetzt aus der 12/14,5 pt Caslon
Gedruckt in der EU
ISBN 978-3-85002-739-7

Inhalt

Vorwort 7

Ein junger Mann bewirkte Großes 13
Rudolf IV.

Kaiser und Künstler 41
Maximilian I.

Kaiser wider Willen 69
Leopold I.

Reformerin aus Intuition 91
Maria Theresia

Der beliebte Großherzog in der Toskana 121
Kaiser Leopold II.

Der steirische Prinz 149
Erzherzog Johann

Der ungekrönte König von Mallorca 175
Ludwig Salvator

Der Kaiser von Brasilien 199
Dom Pedro

Danksagung 227
Personenverzeichnis 229
Literaturverzeichnis 235

Meiner Familie gewidmet

Vorwort

Ein Vorwort zu schreiben ist immer mit einer gewissen Schwierigkeit verbunden, denn wie kann man in einer kurzen Abhandlung umreißen, welche Ziele und Aspekte für den Autor relevant, welche Blickwinkel von Bedeutung und welche Einflüsse zu beachten sind?

Besonders für vorliegendes Buch ist ein Geleitwort aber unerlässlich, denn es wird die Frage auftauchen, warum ich unter den zahlreichen habsburgischen Persönlichkeiten, die in der Geschichte eine außergewöhnliche Rolle gespielt haben, gerade diese gewählt habe. Der eine oder andere Leser wird Männer und Frauen vermissen, die sicherlich ebenfalls Anspruch darauf hätten, in diesem Buch als hochbegabte und zukunftsorientierte Mitglieder des österreichischen Kaiserhauses Eingang zu finden.

Um den Rahmen nicht zu sprengen, war ich gezwungen, unter den habsburgischen Familienmitgliedern eine Auswahl zu treffen, die durchaus auch als subjektiv zu bezeichnen ist. Dennoch waren für mich bestimmte Kriterien entscheidend: Im Mittelpunkt meiner Betrachtung steht der Aspekt der Einzigartigkeit. Welche Fähigkeiten und Talente heben die Persönlichkeit von ihren Zeitgenossen ab, wenngleich diese – wie bei Kaiser Maximilian I. – häufig nicht zur Gänze ausgeschöpft werden konnten.

Vorwort

Als unermüdlich reisender Kaiser hatte Maximilian kaum die Chance, sein herausragendes dichterisches Talent zur Vervollkommnung zu bringen. Seine künstlerischen Ambitionen führten allerdings dazu, dass er die Maler und Bildhauer seiner Zeit finanziell unterstützte und förderte, obwohl er selber keineswegs in volle Kassen greifen konnte. Daher ist es in meinen Augen unerlässlich, den Kaiser in die Riege der hochbegabten Habsburger aufzunehmen; wie auch Herzog Rudolf IV., den Stifter, der in den wenigen Jahren, die ihm vergönnt waren, Großes vollbrachte. Er gründete nicht nur die Alma Mater in Wien, sondern schuf auch soziale Einrichtungen für Lehrer und Studierende, die für die kulturelle Entwicklung der österreichischen Länder von höchster Bedeutung waren. Natürlich war der junge Mann, der schon mit 25 Jahren starb, kein Mensch ohne Tadel, aber dies scheint in Anbetracht dessen, was er für die Zukunft bewirkte, eher vernachlässigbar.

Die Bedeutung von Kaiser Leopold I. – einer der am längsten regierenden Habsburger – wird erst durch die Forschungen heutiger Musikwissenschaftler entdeckt. Der Kaiser, der viel lieber Geistlicher geworden wäre, spielte nicht nur mehrere Instrumente und war – wie viele andere Habsburger – Musikliebhaber, er komponierte auch selbst meisterlich Hunderte Musikstücke. Mit Fug und Recht kann man sagen, dass Leopold, der geschmähte »Türkenpoldl«, der aus Angst um Leib und Leben Wien vor der zweiten Türkenbelagerung verlassen hatte, zwar politisch keineswegs ein Kaiser mit Durchschlagskraft war, aber in jedem Fall ein bedeutender Musiker und Komponist auf dem Habsburgerthron.

Die Kritiker der großen Herrscherin Maria Theresia ziehen alle Register, um am Image der bedeutenden Frau zu kratzen. Dabei kann die Politikerin und Reformerin durchaus als Wegbereiterin des aufgeklärten Zeitalters gelten, in dem später ihre beiden Söhne ihre Vorstellungen zu verwirklichen suchten. Mag sein, dass Maria Theresia in den ihr aufgezwungenen Kriegen keine glückliche Figur gemacht oder dem persönlichen Glück ihrer Kinder bei der Verheiratung zu wenig Beachtung geschenkt hat, ihre Sozialmaßnahmen und zukunftsweisenden Handlungen auf innenpolitischem Gebiet machen sie jedoch zu einer außergewöhnlichen Regentin. Ohne ihre Neuerungen wären die weiterführenden Reformen eines Joseph II. nicht möglich gewesen.

Und hier stellt sich nun für den Leser die berechtigte Frage, warum ich Joseph II. nicht in die Reihe der genialen Habsburger aufgenommen habe. Gewichtige Gründe sprächen natürlich dafür, diesen reformfreudigen Kaiser in diesem Zusammenhang zu portraitieren. Aber die Kompromisslosigkeit, mit der Joseph seine Ideen in die Tat umzusetzen suchte und durch die er schließlich viele Neuerungen wieder zurücknehmen musste, hat mich veranlasst, nicht ihn in diesem Buch zu berücksichtigen, sondern seinen moderateren Bruder Leopold, der heute noch in der Toskana als der große Reformer gilt. Wahrscheinlich waren es die gegensätzlichen Temperamente, die die beiden zweifellos genialen Brüder unterschieden. Leopold konnte, zumindest als Großherzog der Toskana, Veränderungen herbeiführen, die bis heute Gültigkeit haben. Die Mäßigung, die Leopold zu eigen war, fehlte seinem Bruder Joseph II.

Es war in der Geschichte der Habsburger verhängnisvoll, dass die Gesetze der Primogenitur absolut bindend waren. Denn so weitblickend und visionär Kaiser Leopold II. auch war, so wenig gelang es seinem erstgeborenen Sohn Franz die Gedanken und Vorstellungen seines Vaters fortzusetzen. Dabei hatte er Söhne wie Erzherzog Johann oder Erzherzog Carl, die für die hohe Position sicherlich wesentlich besser geeignet gewesen wären als Franz II. (I.). Und da dieser wahrscheinlich seine eigene Schwäche erkannte, versuchte er, dem genialen Bruder Johann Schwierigkeiten bei der Umsetzung seiner fortschrittlichen Ideen, die vor allem für die Steiermark von allergrößter Bedeutung waren, zu machen. Mit großer Mühe, vielen Enttäuschungen und persönlichen Einschränkungen gelang es dem Erzherzog doch, die Modernisierung des Landes auf allen Gebieten durchzusetzen. Johann hatte einen unglaublich weiten Geist – er wäre ein Herrscher gewesen, der die Monarchie in eine bessere Zukunft geführt hätte!

Auch Erzherzog Ludwig Salvator nimmt unter den Habsburgern eine Sonderstellung ein. Der Schriftsteller und Maler, Seemann und Geograf, Historiker und Weinbauer, Parvenü und Weltenbummler hatte niemals eine Chance auf den Thron. In seiner schrulligen Art schuf er aber Bleibendes für die Nachwelt, sodass ihm selbst ein in den strengen Regeln der Tradition verhafteter Kaiser Franz Joseph Achtung entgegenbrachte.

Der letzte überragende Habsburger in diesem Buch ist nicht auf den ersten Blick als Habsburger zu erkennen, hatte er doch einen portugiesischen Vater, der alles andere als genial war. Aber die habsburgische Mutter Maria Leopoldine, eine Tochter von Kaiser Franz, vererbte Dom Pedro ihre Intelligenz, ihre künstlerischen Neigungen und vor allem ihren Reformgeist. Leopoldine hatte nicht nur das Kaiserreich Brasilien gegründet, sie hatte auch begonnen, grundlegende Reformen zum Wohle der Bevölkerung durchzusetzen. Dom Pedro setzte das Werk seiner

Mutter, die nicht einmal dreißig Jahre alt wurde, fort und übernahm viele ihrer Ideen. Er machte aus Brasilien einen modernen Staat. Wie es aber oft passiert, wurden seine Visionen nicht verstanden, sodass er am Ende seines Lebens Schiffbruch erlitt. Ein Schicksal, das er mit manch anderem genialen Menschen teilt.

Das vorliegende Buch will keineswegs Anspruch auf Vollständigkeit erheben und es sei daher jedem Leser selbst überlassen, die dargestellten Personen und ihre überzeitlichen Handlungen zu beurteilen. Es soll zur Diskussion beitragen.

Sigrid-Maria Größing

Rudolph IV. der Stifter,
geb. 1339, Graf von Tirol 1362, gest. 1365.

Ein junger Mann bewirkte Großes
Rudolf IV.

War er nun der Sohn des habsburgischen Herzogs Albrecht II., oder war er es nicht? Rätsel um Rätsel gab seine Geburt schon seinen Zeitgenossen auf, denn sein Vater, der verschiedene Beinamen wie Albrecht der Lahme oder Albrecht der Weise im Laufe der Zeit führte, galt ab dem dreißigsten Lebensjahr als gelähmt. Von ungewöhnlicher Weitsicht, aber auch gebildet war Albrecht auf alle Fälle. Ob er wirklich seit seinem dreißigsten Lebensjahr gehbehindert war, darüber sind auch heute noch die Experten geteilter Meinung. Denn seit dem Jahre 1330 war die Mär im Umlauf, dass man dem jungen Mann bei einem Fest vergiftete Speisen vorgesetzt habe, was zu schweren Krämpfen geführt haben soll. Als Albrecht, der jüngste Sohn von König Albrecht I., die zunächst lebensbedrohlichen Komplikationen überwunden hatte, konnte er weder Arme noch Beine bewegen. Sein Zustand besserte sich auch in Zukunft nicht, sodass er sich bis zu seinem Tode im Jahre 1358 in einer Sänfte tragen lassen musste. Wahrscheinlich litt er in dieser Zeit an einer schweren Polyarthritis, die ihm jede Bewegung zur Qual machte.

Dass Albrecht überhaupt Chancen auf ein Regierungsamt hatte, verdankte er dem Zufall, denn seine Brüder Friedrich, Leopold und Otto, von denen Friedrich als Gegenkandidat zu Ludwig dem Bayern zum König gewählt worden war und der im Grunde ein unglückliches Leben geführt hatte, waren alle vom Tod heimgeholt worden, sodass am Ende nur er als Herzog in den österreichischen Gebieten, die den Habsburgern unterstanden, übrig geblieben war. Albrecht hatte jahrelang ein Schattendasein nach der Ermordung seines Vaters König Albrecht im Jahre 1308 geführt, seine Brüder hatten mehr oder weniger sein Leben bestimmt, auch als es darum ging, für ihn eine Braut zu suchen. Es war sein dynamischer Bruder Leopold, der die Fäden nach Basel gezogen hatte, als er in Erfahrung gebracht hatte, dass der letzte Graf Ulrich III. von Pfirt 1324 überraschend die Augen für immer geschlossen hatte. Denn jetzt war die Chance groß, auf dem Weg über das Brautbett wichtige Gebiete im Elsass für das Haus Habsburg zu erwerben, da Ulrich nur zwei Töchter hinterließ, die beide erbberechtigt waren. Da man aber landauf, landab wusste, dass in der Pfirtfamilie ein gutes Einvernehmen herrschte, hoffte Leopold, dass sich die Erbschaftsangelegenheiten gütlich würden regeln lassen. Und er sollte recht behalten! Denn einerseits wollte der Vormund von Johanna und Ursula, Papst Johannes XXII., keinen Konflikt mit den Habsburgern, andererseits war die Mutter der beiden Mädchen Johanna von Mömpelgard politisch so klug, einen Vertrag mit den Töchtern zu schließen, in dem die jüngere mit einem Batzen Geld abgefunden wurde, sodass es innerhalb der Familie zu keinen Streitigkeiten kommen konnte. Johanna aber brachte interessante Gebiete für Albrecht mit in die Ehe, denn nicht nur der Sundgau, auch die südlichen Vogesen, die Burgunder Pforte und Teile des Jura waren vielleicht begehrenswerter als die Braut!

Denn Johanna von Pfirt war mit ihren 24 Jahren keineswegs ein junges Mädchen mehr, als sie Albrecht die Hand

Ein junger Mann bewirkte Großes

fürs Leben reichte. Im Allgemeinen wurden im 14. Jahrhundert schon die zukünftigen Ehekontrakte unterzeichnet, wenn Braut und Bräutigam noch in den Windeln lagen. Am 26. März 1324 fand die Hochzeit in Wien statt und jedermann machte sich mit dem Gedanken vertraut, dass die junge Herzogin noch ehe sich das Jahr dem Ende zuneigte, einem Kind das Leben schenken würde. Als sich nach einiger Zeit keine Anzeichen einer Schwangerschaft bemerkbar machten, schüttelte man beinah ungläubig den Kopf, denn ein Erbprinz schien dringend im Hause Habsburg vonnöten zu sein. Jahr um Jahr verging und die Herzogin war immer noch nicht gesegneten Leibes, als 1330 die Katastrophe mit ihrem Gemahl eintrat. Wie sollte der unbewegliche Albrecht in Hinkunft in der Lage sein, ein Kind zu zeugen? Hier konnte nur der Himmel ein Wunder schicken!

Albrecht, aber auch Johanna waren tiefgläubige Menschen, die die Hoffnung nicht aufgaben, mithilfe der rheinischen Heiligen ein Kind zu bekommen. Albrecht unternahm aus diesem Grunde 1337 eine Wallfahrt nach Köln und Aachen, wo die Reliquien der Heiligen ruhten. Und der Himmel hatte tatsächlich ein Einsehen mit dem Ehepaar.

Groß war die Freude, als Johanna von Pfirt mit ihren 39 Jahren einem gesunden Knaben im Jahre 1339 das Leben schenkte. Kaum lag das Kind in der Wiege, als sich aber schon Zweifler zu Wort meldeten, ob der Kindsvater tatsächlich der Herzog sein konnte. Als dann noch weitere elf Kinder folgten, waren aber diejenigen, die die Gerüchteküche jahrelang geschürt hatten, nicht etwa mundtot gemacht. Im Gegenteil: Es konnte nicht mit rechten Dingen zugegangen sein, dass sich erst nach 15-jähriger Ehe so ein gewaltiger Kindersegen einstellte, noch dazu, wo sich die Mutter für damalige Begriffe schon beinah dem Greisenalter näherte!

Die Zweifel an der Vaterschaft Albrechts sind bis heute nicht ganz ausgeräumt, wobei man kaum annehmen kann, dass Johanna, die in vielen Dingen ihren gesunden Menschenverstand bewiesen hatte, sich tatsächlich mit einem Liebhaber vergnügte und dabei Kopf und Kragen riskierte. Denn einerseits hätte ihr Ehemann kaum Verständnis gezeigt und andererseits beobachtete man Johanna von allen Seiten peinlichst genau, sodass es für sie äußerst gewagt gewesen wäre, irgendeinem jungen Mann Zutritt zu ihrer Kemenate zu gewähren.

Wie immer sich die Geschichte abgespielt haben mochte, so bleibt doch die Tatsache bestehen, dass es auch in unserer Zeit noch sensationell ist, wenn eine Frau mit 51 Jahren ein Kind zur Welt bringt. Heute würde sie höchstwahrscheinlich aufgrund der Kunst der Ärzte überleben, Johanna allerdings starb bei der Geburt des letzten Kindes. Während sechs Kinder am Leben geblieben waren, starben fünf weitere unmittelbar nach der Geburt – eine Tragödie für die ganze Familie, wahrscheinlich aber vor allem für die Mutter!

Trotz dieser merkwürdigen Lebensumstände war Johanna von Pfirt eine tatkräftige Frau, die ihren kranken Mann immer und überall bestens vertrat. Sie bereiste die habsburgischen Länder und kümmerte sich allerorts um Recht und Gerechtigkeit, sie ging mit offenen Augen durch die Welt und jedermann wusste, wenn sich die Herzogin zu Besuch angesagt hatte, konnte man auf ihren Rat und ihre Hilfe hoffen. Viel von ihrem Wesen schien ihr ältester Sohn Rudolf geerbt zu haben, wenngleich auch Charakterzüge seines wahrscheinlichen Vaters bei ihm zu erkennen waren.

Schon sehr bald wurde er von seinem Vater Albrecht II. zu den wichtigsten Versammlungen mitgenommen, der Knabe sollte von klein auf lernen, sich in fremder Umgebung zu Hause zu fühlen und andere Menschen zu beurteilen.

Die Kindheit und frühe Jugend Rudolfs liegt größtenteils im Dunkeln, bekannt ist nur, dass er schon im zarten Alter von acht Jahren mit Isabella, der Tochter Eduards III. von England, verlobt worden war. In dieser Zeit standen die Sterne günstig, diese Heirat zu forcieren. Aber schon bald hatte sich das Blatt gewendet, andere Konstellationen zeigten auf, dass es in Zukunft für die Habsburger wesentlich günstiger wäre, wenn der Erbprinz eine Tochter des römischen Königs Karl IV. aus dem Hause Luxemburg heiraten würde. Ohne sich viel um die frühere Verlobung zu kümmern, wurde Albrecht II. nicht nur von Karl in Seefeld in Niederösterreich belehnt, zugleich wurde eine neue Verlobung ausgesprochen, die Familien sollten fest durch eheliche Bande verknüpft werden. Dabei war die kleine Tochter Karls auch kein unbeschriebenes Blatt mehr, denn der Vater hatte das erst zweijährige Kind mit dem Sohn des Thüringer Landgrafen Friedrich II. von Meißen, mit dem jungen Balthasar, verlobt, da ihm eine Verbindung von Böhmen zum Reich erstrebenswert schien. Aber so schnell der Heiratskontrakt geschlossen war, so schnell wurde er wieder gelöst, nachdem es Karl opportun schien, auch im Süden Unterstützung durch die Habsburger zu bekommen. Daher nahm er seine Tochter Katharina gleich nach Seefeld in Niederösterreich mit, wo man die Kinder Rudolf und Katharina als zukünftiges Ehepaar präsentierte. Dass Karl seine kleine Tochter an einen Habsburger verheiraten wollte, sahen freilich besonders die Wittelsbacher mit scheelem Blick, denn sie konnten alles brauchen, nur kein erstarktes Gebiet im Osten.

Das Treffen in Seefeld diente nicht nur der Verlobung der Kinder, Karl belehnte hier auch Albrecht mit den österreichischen Gebieten, der Steiermark und Kärnten. Dass Katharina nicht mehr nach Hause nach Prag zurückkehren sollte, sondern in ihrer neuen Heimatstadt Wien erzogen werden sollte, berührte den Vater wahrscheinlich herzlich wenig, denn Töchter waren nun einmal zu dieser Zeit nicht viel mehr als eine wichtige Handelsware!

Ob die beiden Kinder Rudolf und Katharina einander in den nächsten Jahren besser kennen lernten, davon schweigen die Chronisten. Gespielt haben die Kinder wahrscheinlich nicht miteinander, zu sehr sah man in ihnen die kleinen Erwachsenen, die ihre Pflicht zu erfüllen hatten. Für Rudolf setzte auch schon bald ein intensives Lernprogramm ein, die besten Philosophen sollten den jungen Mann lehren, die Probleme der Zukunft zu erkennen und möglichst gut zu lösen. An eine kindliche Entwicklung in unserem Sinn ist dabei kaum zu denken. Die Schriften, die dem erst neunjährigen Rudolf gewidmet wurden, geben Aufschluss über die hohen Ansprüche, die man an den Knaben stellte, sie wären für ein normales Kind kaum verständlich gewesen. Aber es war, als hätte man geahnt, dass Rudolf kein langes Leben beschieden war, sonst hätte man sich vielleicht mit den vielfältigen Instruktionen Zeit gelassen und dem Kind nicht ungewöhnlich früh lesen und schreiben beigebracht.

Der Vater trachtete außerdem danach, dass Rudolf seine Aufgabe, immer wieder seine Länder zu bereisen und nach dem Rechten zu sehen, schon bald erkannte. Es gab viel zu tun in der nächsten Zeit, die Wirren der kaiserlosen Zeit waren immer noch nicht ganz überwunden, das wussten sowohl Karl IV. als auch Albrecht II. Es gab immer noch ständig Reibereien mit den Schweizern, nur ein starker

König wie Karl war in der Lage, sie im Zaum zu halten. Es war kein Wunder, dass der junge Rudolf von seinem Schwiegervater in spe ungewöhnlich beeindruckt war, vor allem, als er mit seinen vierzehn Jahren zum symbolischen Beilager nach Prag reiste. Für die beiden Väter waren damit die verwandtschaftlichen Bande offiziell geknüpft, wenn sich auch unter der Bettdecke keineswegs etwas abgespielt hatte. Rudolf kam in Prag aus dem Staunen nicht heraus, die Stadt mit ihren neuen Bauten erschien ihm wie im Märchen, die Straßen waren gepflastert, sodass man bei Regenwetter nicht mehr im Morast versank, die Häuser schienen sauber und gepflegt, am meisten bewunderte der Jüngling allerdings das Wunderwerk des Veitsdomes und die Universität. Obwohl Rudolf in seinem jungen Leben schon weit herumgekommen war, hatte er so eine Stadt noch nie gesehen, eine wahre Hauptstadt des Reiches! Und er nahm sich vor, auch Wien zu einer modernen Metropole zu machen, zu einem Zentrum im Osten, das Prag in nichts nachstehen sollte!

Natürlich war sich Rudolf damals schon bewusst, dass er als Herzog von Österreich in keiner Weise die Machtposition erlangen würde, wie sie Karl, zuerst als erwählter römischer König und später als gekrönter deutscher Kaiser, innehatte. Aber er musste einen Weg finden, aus der zweiten Reihe herauszutreten, in die die Habsburger durch die Gesetze der Goldenen Bulle, die 1356 von Karl IV. erlassen worden waren, gestellt waren. Der Schwiegervater hatte nämlich in dem Gesetzeswerk mitnichten die Absicht gehabt, die Habsburger irgendwie aufzuwerten, im Gegenteil, er zog nicht einmal die großen Gebiete, über die sie herrschten, ins Kalkül, als es darum ging, die Herzöge eventuell in die Reihe der Kurfürsten aufzunehmen.

Wie immer sich die Stimmung zwischen diesen beiden hochbegabten Männern entwickelte, so fühlte sich Rudolf sicherlich hintangestellt. Er musste also versuchen, irgendetwas aus der Tasche zu ziehen, um Karl zu beweisen, dass er nicht nur der kleine Herzog aus den Alpenregionen war. Auf den Reisen, die er mit dem Schwiegervater unternommen hatte, hatte Rudolf genug Gelegenheit gehabt, den Charakter des Luxemburgers kennenzulernen, vor allem aber auch seine tiefe Religiosität, die sich darin zeigte, dass Karl, wo er nur konnte, die Skelette von Heiligen ausgraben ließ, um sich entweder einen Schädel oder einzelne Knochen als Reliquien nach Böhmen mitzunehmen, wo er sie in kostbaren Gefäßen zur Schau stellte. So machte Karl seinem Schwiegersohn ein besonderes Geschenk, von dem er glaubte, es würde den jungen Mann erfreuen: Er schenkte ihm eine Reliquie des Heiligen Pelagius.

Viele Kunstschätze ließ Karl nach Karlstein in Böhmen bringen, wo auch die Reichsinsignien aufbewahrt wurden. Der Kaiser war von diesen Kostbarkeiten so hingerissen, dass er einen eigenen Tag bestimmte, an dem den Insignien gleichsam besondere Ehren erwiesen werden sollten.

Im Jahr 1356 war es schließlich offiziell so weit, dass die Ehe zwischen Rudolf und Katharina in Wien vollzogen wurde. Vorher aber mussten noch die finanziellen Angelegenheiten geregelt werden, da Katharina als Mitgift 10 000 Schock großer Prager Pfennige bekommen sollte, dazu eine jährliche Rente von 1000 Schock sowie als Morgengabe 15 000 Schock. Aber erst als der Kaiser 4000 Schock in bar aus seinen Geldtruhen holen ließ und die Stadt Laa an der Thaya und eine böhmische Festung verpfändet waren, durfte Rudolf mit Katharina das Brautbett besteigen. Der Herzog von Österreich wollte auf Nummer sicher gehen!

Ein junger Mann bewirkte Großes

Weder Rudolf noch Katharina war es vergönnt, längere Zeit gemeinsam zu verbringen, denn auf Rudolf, der nach dem Tod seines Vaters am 20. Juli 1358 nicht nur die österreichischen Gebiete, die Steiermark und Kärnten geerbt hatte, warteten in den Vorlanden, im Elsass und im Sundgau große und vor allem schwierige Aufgaben. Vielleicht wäre es dem jungen Mann gar nicht möglich gewesen, all die Probleme, die sich auch aus der Ferne der Schweizer Städte, die ständig um ihre Freiheit kämpften, zu lösen, hätte er nicht als junger Reichslandvogt eine mit allen politischen Wassern gewaschene Frau als Beraterin gehabt: seine Tante Agnes, die einstige Gemahlin des früh verstorbenen letzten Arpadenkönigs Andreas III. von Ungarn. Nach dem Tod ihres Mannes war Agnes in den Westen gezogen, wobei sie freilich vorausschauend genug war, ein kleines Vermögen mitzunehmen. Als Johann Parricida, ihr Cousin, König Albrecht I. im Jahre 1308 heimtückisch umgebracht hatte, ging Agnes' ganzes Trachten dahin, Rache an dem Königsmörder zu nehmen. Da sie einsah, dass ihr dies im Diesseits kaum gelingen konnte, sann sie auf die Vergeltung Gottes im Jenseits. Sie stiftete das Doppelkloster Königsfelden sowie das Kloster Töss, wo ein erstes Opfer ihrer übergroßen Religiosität ihre Stieftochter Elisabeth wurde, die keineswegs davon begeistert war, für immer den Schleier nehmen zu müssen.

So sehr Agnes von den Eidgenossen mit scheelen Blicken betrachtet wurde, so sehr man sie auch mit unflätigen Ausdrücken bedachte – die Schweizer bezeichneten sie gar als »listiges Weib«, vor dem man sich in Acht nehmen müsste, oder als »alte Trugnerin« –, so erfolgreich war sie als Helfershelferin ihrer habsburgischen Verwandten. 1333 schloss sie den »Landfriedensbund«, ein einmaliger

Rudolf IV.

diplomatischer Erfolg in den Vorlanden, da in den nächsten Jahren die Waffen schweigen würden.

Wahrscheinlich erkannte der junge Rudolf sehr schnell, wie wichtig seine Tante in den westlichen Teilen seiner Länder war, die ihm als Reichslandvogt unterstanden, sie glich einem Schutzschild, an dem alles abprallte. Deshalb reiste er im Jahr 1357 zusammen mit seiner jungen Ehefrau Katharina nach Königsfelden, um nicht nur politische Probleme mit Agnes zu besprechen, sondern auch persönliche Gespräche mit ihr zu führen. Mit jedem Tag erstaunte Agnes den jungen wissbegierigen Mann mehr, denn sie war eine hochgebildete Frau, die in bestem Kontakt mit den bedeutendsten Wissenschaftlern ihrer Zeit stand. Der große Meister Eckhart widmete ihr das Buch »Liber benedictus«, damals eine hohe Auszeichnung für eine Frau. Durch die Tante beeinflusst, bekam Rudolf, der selber tief religiös war, Zugang zu den mystischen Strömungen im Lande, wenngleich er sich auf der anderen Seite als krasser Realist gegen einen zunehmenden politischen Einfluss der Kirche aussprach. Als Privatperson akzeptierte er es voll und ganz, dass seine Schwester Katharina, die das »Büchlein von der göttlichen Weisheit« des Mystikers Heinrich Seuse besaß, in das Rudolf selbst in seiner Geheimschrift den Satz »Das Puchel hat ein ent« geschrieben hatte, ihr Leben im Klarissenkloster in Wien zubrachte. Aber als Herzog in seinen Landen waren ihm die anfänglich guten Beziehungen zum Kaiser und zu Papst Innozenz VI. von großer Wichtigkeit, wobei Schwiegervater und Schwiegersohn darin wetteiferten, wer die meisten Reliquien geschenkt bekam oder sie gegen bare Münze erwarb. Denn schon bald entwickelte der dynamische Rudolf geradezu eine Sucht, die Gebeine, Zähne und Haare von echten, aber auch scheinbaren Heiligen nach Wien bringen zu lassen, ja seiner Tante übersandte er als Geschenk einen heiligen Zahn, an dem noch Blutspuren des einstigen Besitzers zu sehen waren. Geld und Gold waren in dieser Zeit offenbar weniger wichtig als die morschen Knochen der heiligen Verblichenen!

Obwohl es schien, dass Rudolf in verschiedenen Welten zu Hause war, so wirkte er doch auf seine Zeitgenossen keineswegs blass und blutleer. Der bekannte Chronist Heinrich von Dießenhofen berichtete über einen Besuch des Habsburgers am Oberrhein, dass der junge Herr eine beachtenswerte, weise Person sei, daneben großzügig, vor allem aber sei die Weisheit des 18-Jährigen bemerkenswert.

Wahrscheinlich setzte sich Rudolf schon sehr bald hohe Ziele, denn für ihn konnte es nicht angehen, dass Wien weit hinter Prag zurückstand und nicht einmal den Status eines Bistums hatte. Er musste es geradezu als Schmach empfunden haben, dass man dem Bischof von Passau unterstellt war. 1356, im gleichen Jahr, in dem Kaiser Karl IV. in der Goldenen Bulle die Reichsgesetze niederschreiben ließ, unternahm Rudolf die ersten Schritte, um die Stephanskirche, deren Bau sein Vater Albrecht II. begonnen hatte, in eine Kardinalskirche umzuwandeln. Natürlich war ihm bewusst, dass dies mit großen Schwierigkeiten verbunden sein würde, daher suchte er von allem Anfang an ein gutes Einvernehmen mit dem Papst. Um seine Frömmigkeit auch öffentlich auszudrücken, ließ er den Heiligen Vater wissen, dass er sein Geburtszimmer in der Hofburg zu einer Kapelle umgewandelt hatte, die allen Heiligen gewidmet wurde. Rudolf selber machte sich die Mühe, Regeln für den Gottesdienst in dieser Kapelle aufzustellen.

Rudolf war ganze 19 Jahre alt, als er die Herrschaft über Österreich, die Steiermark, Kärnten und die großen

Rudolf IV.

Gebiete im Westen übernahm. Dadurch, dass er von seiner Mutter das Elsass, Gebiete am Oberrhein, Schweizer Städte und kleinere Gebiete in Schwaben geerbt hatte, war er ständig gezwungen, unterwegs zu sein. Wie er all die Aufgaben, die auf ihn zugekommen waren, in den wenigen Jahren seiner Regierungszeit überhaupt bewältigen konnte, ist bis heute ein Rätsel, bedenkt man die schlechten Verkehrsverhältnisse, die Unbilden der Witterung, denen er auf seinen Reisen ständig ausgesetzt war, die Gefahren, die ihm von der Natur, aber auch von missliebigen Menschen drohten. Es war vielleicht seinem ausgleichenden Naturell zu verdanken, dass er sich zumindest im Westen einigermaßen Luft verschaffte, obwohl er schon als Reichslandvogt eine besondere Stellung auf dem Gebiet der Rechtsprechung vom Kaiser einforderte. Aber Karl IV. sah wahrscheinlich zunächst mit mildem Auge auf den hochaktiven Schwiegersohn und ließ ihn schalten und walten, wie dieser es für richtig hielt. Denn es grenzte in der damaligen Situation beinah an ein Wunder, dass sich Rudolf mit den Schweizern, namentlich mit der Stadt Luzern friedlich einigte, sodass sich in den Städten keine nennenswerte Opposition breitmachte. »Stadtluft macht frei«, so dachten viele bettelarme Bauern, die unter der Leibeigenschaft stöhnten und die ihr Glück in der Stadt versuchten. Der Reichslandvogt galt als Freund der Schweizer, der Waffengewalt verabscheute und in seiner Position als Vertreter des Kaisers zum Wohl der Bürger Recht sprach. Schon bald machte sich das Gerücht breit, Rudolf wäre »ain frommer weiser Herr, ein gotliebender, frommer Fürst« und ein »fridlicher Herr«, für einen jungen Mann ganz ungewöhnliche Attribute. Aber für Rudolf galt in den ersten Jahren seiner Regentschaft die Devise, dass die weltlichen Fürsten nur Glieder eines Hauptes, des Kaisers, wären. Ihre Aufgabe sah er darin, in den ererbten oder erworbenen Ländern Ruhe und Ordnung zu halten.

Auf allen Gebieten schien Rudolf seiner selbst gestellten Aufgabe nachgekommen zu sein, denn zur Verwunderung aller ließ er eine 1425 Meter lange Brücke über den Zürichsee in Rapperswil in nur zwei Jahren erbauen. Damit hatte er Verbindungsmöglichkeiten in die Schweiz geschaffen, die nicht nur den Rapperswilern zugutekamen, sondern die ihn von Zürich unabhängig werden ließen. Geschäftstüchtig, wie er war, veranlasste er auch sofort, dass die Brücke nur nach Entrichtung einer Maut betreten werden durfte, wobei Reiter zwei Pfennige, die Viehhändler und Kaufleute etwas weniger zu zahlen hatten, damit der Handel nicht beeinträchtigt wurde. Die Brückenmaut sollte für den Bau der Burg verwendet werden, die er prunkvoll ausstatten ließ.

Rudolf war ein Regent, der sein Auftreten in der Öffentlichkeit zelebrierte, vielleicht auch im Hinblick auf seinen übermächtigen Schwiegervater in Prag. Er imponierte damit allen, die ihm begegneten, vor allem weiten Teilen des reichsunmittelbaren Adels, den er ganz auf seine Seite zog. In den Trinkstuben entstanden überall Rittergesellschaften, die voll des Lobes über den jungen Herrscher waren. Rudolf war in seiner unwahrscheinlichen Dynamik ein Mann, der in vielerlei Hinsicht die Jugend anzog, der es meisterlich verstand, nach außen hin seine Position kundzutun. Schon im Jahr 1359 ließ er ein neues Siegel entwerfen, auf dem zu lesen war: »Rudolf, von Gottes Gnaden, des Heiligen Römischen Reiches Erzjägermeister und Erstgeborener des Herzogs Albrecht und der Herzogin Johanna.« Dieses Siegel, das auch auf der Gegenseite und an den Rändern mit Titeln versehen war, wurde erstmalig bei der Erhebung von St. Stephan zur Probstei im Jahre 1359 verwendet.

Später allerdings, als Rudolf durch sein von ihm in Auftrag gegebenes *Privilegium maius* den Bogen überspannte, verlangte Kaiser Karl IV. von ihm, dass der Titel des Herzogs von Schwaben und Elsass aus dem Siegel entfernt werde.

Auch dem Titel »des Heiligen Römischen Reiches Erzjägermeister« war nur ein kurzes Leben beschieden, obwohl Rudolf sich vielleicht auf das Amt des Jägermeisters als Herzog von Kärnten berufen konnte, da die Kärntner in früheren Zeiten für den Kaiser die Jagd auszurichten hatten. Aber was für Karl IV. zu viel war, das war eben zu viel! Wenngleich Rudolf auch sehr geschickt seine Vorrechte begründet hatte, indem er auch den Kärntner Herzogstuhl umbauen ließ, um zu zeigen, dass hier schon seit alters her Geschichte gemacht worden war. Er versuchte nicht nur nachzuweisen, dass der erste römische Kaiser ein gewisser Julius gewesen war, der vom Rhein nach Rom gekommen war, sondern ging noch weiter in der Geschichte zurück, sodass beinah Adam und Eva die Stammeltern der Habsburger gewesen sein könnten. Auch für seine Schöpfung, die Zackenkrone fand er eine plausible Begründung, wobei dies alles nur Äußerlichkeiten waren. Denn die wichtigsten Punkte des gefälschten Privilegiums waren außerordentliche Rechte, die dem Herzog von Österreich angeblich zugebilligt worden waren: »Ganz gleich, was der Herzog von Österreich in seinen Ländern und Gebieten macht oder anordnet, weder der Kaiser noch eine sonstige Macht darf das auf irgendeine Weise oder auf irgendeinem Wege künftig irgendwie verändern.«

Unabhängigkeit von Entscheidungen im Reich, freies Schalten und Walten in den habsburgischen Ländern,

Ein junger Mann bewirkte Großes

freie Gerichtsbarkeit und das Erbrecht auch in der weiblichen Linie waren die wichtigsten Punkte, die Rudolf durch dieses Privileg festgeschrieben haben wollte, das sich in einigen der 18 Punkte auf das im Jahre 1156 von Kaiser Friedrich Barbarossa erlassene *Privilegium minus* bezog. Das war auch der Grund, weshalb Kaiser Karl IV., als der von ihm beauftragte Dichter Petrarca das ganze Machwerk als Fälschung identifizierte, nicht alles, was das neue – uralte – Privileg enthielt, in Grund und Boden verdammte. Natürlich konnte es nicht angehen, dass der Herzog in seinen Rechten dem Kaiser gleichgestellt wurde. Das war Karl IV. doch zu viel! Außerdem akzeptierte er niemals die Unabhängigkeit Österreichs vom Reich, ganz abgesehen davon, dass die Urkunden Caesars und Neros ihm wahrscheinlich nur ein Lächeln entlockten.

Den Titel Erzherzog durfte der Schwiegersohn in Hinkunft beibehalten, genauso wie er sich mit der zwölfzackigen Krone über dem Herzogshut hatte abbilden lassen. Das Bild Rudolfs, das um das Jahr 1364 entstanden sein dürfte, ist das zweite Porträt eines Herrschers.

Auch die Steinfiguren am Stephansdom und die Plastiken über dem Kenotaph, die Rudolf und seine Gemahlin Katharina darstellen, sind mit dieser Zackenkrone geschmückt. Vielfältig sind die Darstellungen des Herzogspaares am und im Stephansdom, Rudolf hatte schon zu Lebzeiten dafür gesorgt, dass sein Name als »Fundator« – als Gründer des Domes – nicht in Vergessenheit geraten werde. Allerdings ließ er vieles in seiner Geheimschrift anbringen, eine Sitte, die der Zeit entsprach, in der Fälschungen und Geheimschriften durchaus üblich waren. Irgendwie musste man sich vor nicht immer zuverlässigen Mitwissern schützen und da die Wahrheit in manchen Fällen selten an den Tag kam, schreckte man vor diver-

Rudolf IV.

sen Fälschungen nicht zurück. Bis heute ist nicht ganz geklärt, ob Margarete Maultasch in München tatsächlich ihre Länder den Wittelsbachern vermachen wollte oder nicht, denn bis in unsere Tage ist die Frage der Fälschung nicht geklärt.

Es war geradezu seltsam für einen so jungen Mann, dass er als er die Zwanzig kaum überschritten hatte, schon an seine sichtbare Präsenz nach seinem Tode dachte. Aber in Prag, wo er seinen Schwiegervater aufgesucht hatte, wahrscheinlich um neue Zugeständnisse zu erwirken, herrschte 1358 die Pest und das *Memento mori* war gleichsam an allen Ecken und Enden sichtbar. Sein Aufenthalt in der Stadt an der Moldau war nur kurz gewesen, anscheinend hatte das einst gute Verhältnis zwischen Schwiegervater und Schwiegersohn schon einen Riss bekommen, denn Karl, der in Rudolf eventuell seinen Nachfolger als Kaiser gesehen hatte, kamen nun doch Zweifel an seinen Vorstellungen für die Zukunft, vor allem als Rudolf den Wunsch äußerte, vom Kaiser den Titel eines Königs der Lombardei übertragen zu bekommen.

Rudolf IV. (1339–1365), genannt der Stifter, mit der berühmten Zackenkrone. Dieses Bild gilt als erstes Portrait der deutschen Malerei.

Für die Position Rudolfs im Reich wäre diese Ehre eine ungewöhnliche Aufwertung gewesen, was natürlich auch Karl IV. bekannt war. Längst war aber seine Beziehung zu seinem Schwiegersohn dermaßen abgekühlt, dass er keine Veranlassung sah, Rudolf mit der eisernen Krone der Langobarden, die freilich eine Imitation war, die einst Heinrich VII. hatte herstellen lassen, zu krönen.

Rudolf und der Kaiser schieden im Streit, etwas, das eigentlich nicht verwunderlich war, bedenkt man, dass beide äußerst dynamische Herrscher waren, von denen der jüngere als Herzog von Österreich gegenüber dem Kaiser freilich die schlechteren Karten haben musste. Daher versuchte jeder, seine Hausmacht durch Eheschließungen oder Bündnisse zu erweitern. Karl streckte seine Fühler nach Ungarn aus, verheiratete nicht nur seine erst dreijährige Tochter Margarete mit dem späteren Ludwig I. von Anjou, er selber reichte in seiner dritten Ehe der Schwester des ungarischen Königs die Hand für ein kurzes gemeinsames Leben. Karl wusste, was er tat, denn der ungarische König war nicht nur ein verlässlicher Partner im Osten Österreichs, er war auch Anwärter auf den polnischen Thron. Und sollte es das Schicksal wollen, so könnte es durchaus sein, dass sich das Luxemburger Einflussgebiet weit in den Osten hinein erstrecken würde ...

Rudolf hatte andere Pläne. Er hatte darüber nachgesonnen, auf welche Weise er dem Kaiser wirklich schaden konnte. Und da Fälschungen für ihn eine besondere Herzensangelegenheit waren, griff er auch in diesem Fall wieder zu einer List. Am 20. Juli 1359 tauchte plötzlich ein angeblich vom Freisinger Bischof Paul von Jägerndorf verfasster Brief an die römische Kurie auf, in der die Absetzung des Kaisers gefordert wurde und Ludwig von Ungarn zum Gegenkönig ausgerufen werden sollte, von

Rudolf IV.

dem sich Rudolf trotz der umgekehrten verwandtschaftlichen Beziehungen Vorteile erhoffte.

Auch diese Sache verlief im Nichts, sodass Rudolf andere Ideen durch den Kopf gingen. Schon sein Vater hatte sich mit der leidigen Tiroler Angelegenheit befasst und versucht, von Papst Innozenz VI. die Lösung des Bannes, der über dem Tiroler Landesfürstenpaar schwebte, zu erreichen. Knapp vor dem Ziel starb Albrecht II. Sein Sohn Rudolf sprang für ihn sofort in die Bresche, denn immerhin konnte es sein, dass die Habsburger einmal die lachenden Erben Tirols sein würden, da Margarete Maultasch und ihrem zweiten Ehemann Ludwig von Brandenburg nur der ungewöhnlich schwächliche Sohn Meinhard beschert war, der mit einer Tochter von Herzog Albrecht II., also mit einer Schwester Rudolfs, verheiratet war. Daher war es für Rudolf unendlich wichtig, die Tiroler Angelegenheit so bald wie möglich unter Dach und Fach zu bringen. Er selbst ritt nach Salzburg, um Ludwig von Brandenburg zu treffen, als der Papst signalisiert hatte, dass er eventuell bereit war, den Bann zu lösen, wenn Margarete und Ludwig sich bereit erklärten, die Bedingungen die Innozenz in finanzieller und materieller Hinsicht stellte, zu erfüllen. Rudolf stellte sich als Bürge für die Einhaltung der Gelöbnisse zur Verfügung. Und nachdem in München die Ehe, die Margarete und Ludwig kirchenwidrig im Jahr 1342 geschlossen hatten, durch Kommissare getrennt wurde, fand am nächsten Tag in der Münchner Burg die neuerliche Trauung feierlich statt. Das Brautgeschenk war allerdings nicht für das Brautpaar bestimmt, Margarete unterzeichnete als Erbin Tirols eine Vermächtnisurkunde zugunsten der Habsburger! Ob und wie weit der Kanzler Rudolfs Johann Ribi von Lenzburg, Bischof von Gurk, die Hände mit im

Spiel hatte und die Nachwelt wieder mit einer Fälschung konfrontierte, ist bis heute nicht bekannt.

So lang und so oft sich Rudolf auf Reisen aufhielt, um die verschiedensten Angelegenheiten zu regeln, so viel gab es für ihn in Wien zu tun. Schon sein Vater Albrecht II. hatte mit dem Bau des Stephansdomes begonnen, jetzt war der Sohn an der Reihe, die große Aufgabe fortzuführen und wenn möglich zu vollenden. Und bereits zwei Jahre nach seinem Regierungsantritt konnte im Jahre 1340 mit einer feierlichen Zeremonie der Chor eingeweiht werden. Der Spatenstich zum Langhaus, das als Verbindung zu den schon bestehenden Teilen des Domes fungieren sollte, erfolgte allerdings erst 1359, weshalb Rudolf seine Vollendung nicht mehr erleben sollte. Der Bau schritt verhältnismäßig langsam voran, denn die Inschrift »Hic est sepultus dens dux Rudolfus fundator«, die nach dem frühen Tode des Herzogs in etwa zwei Metern Höhe in Rudolfs Geheimschrift angebracht war, deutet darauf hin.

Der Stephansdom stellte für den zielstrebigen Herzog geradezu ein Prestigeobjekt dar, er wollte unter allen Umständen ein geistiges Zentrum schaffen, das von jeglichen äußeren Einflüssen unabhängig sein sollte. Vor allem durfte das Bistum Passau keine wie immer geartete Rolle mehr in Wien spielen. Deshalb beauftragte Rudolf mit beinah hellseherischen Fähigkeiten seine Brüder, nach seinem überraschenden Tod den Bau fertigzustellen. Er ruhte nicht, bis der neue Papst Urban V. sich endlich im Jahre 1364 herbeiließ, die Stephanskirche zur Kollegiatskirche zu erheben, wobei das Kapitel aus 24 Chorherren und 26 Kaplänen bestehen sollte. St. Stephan wurde ab dieser Zeit als »Tumkirche« also als Dom bezeichnet, dem ein Probst im Rang eines Fürsten vorstand. Rudolf selbst, aber auch seine Gemahlin Katharina, seine Schwester Katharina und sein Bruder Albrecht unterzeichneten die Stiftungsurkunde. Natürlich war der Bischof von Passau keineswegs erfreut über diese Entwicklung in Wien, entgingen den Passauern jährliche Einnahmen in nicht unbeträchtlicher Höhe. Aber es blieb ihm nichts anderes übrig, als gute Miene zum – wie er meinte – abgekarteten Spiel zu machen.

Es war auch äußerst schwierig, sich dem dynamischen jungen Mann, der vor Ideen nur so sprühte, in den Weg zu stellen und der in seiner tiefen Religiosität in nur wenigen Jahren die heute bedeutendsten Klöster in Österreich wie Melk und Zwettl gründete und sie mit vielen Sonderrechten, die sie jahrhundertelang behalten sollten, ausstattete. Und mancher Zeitgenosse traute wahrscheinlich seinen Augen nicht, mit welcher Energie der junge Herzog alles vorantrieb und welcher persönliche Elan vor allem hinter der Bautätigkeit steckte. Dabei achtete Rudolf streng darauf, dass die Bauten, die im Entstehen waren, nicht nur zweckdienlich, sondern auch kunstvoll ausgestattet waren. Und damit er als Laie nicht alles akzeptieren musste, was ihm die Handwerker vorschlugen, ließ er sich angeblich in die Zunft der Steinmetzen und Bauleute aufnehmen. Der Herzog setzte alles daran, aus Wien eine Stadt zu machen, die in keinerlei Hinsicht Prag nachstand, wo die berühmtesten Meister ihrer Zeit, wie die bekannten Brüder Parler, im Auftrag des Schwiegervaters ihre Kunstwerke schufen. Aus der bisher einfachen, unansehnlichen Stadt schuf Rudolf eine Kunst- und Kulturstadt, in der sich über 35 Kirchen und 25 Hauskapellen befanden – ein enormer Schatz, hält man sich die bescheidene Größe des damaligen Wien vor Augen! Auch Dichter und Philosophen entdeckten Wien, denn hier, so merkte man bald, regierte ein Mann, der Kunst und Wissenschaft in jeder Hinsicht förderte, auch schon vor der Gründung der Universität.

Dass es Rudolf IV. gelingen konnte, die nach ihm benannte Alma Mater ins Leben zu rufen, wurde von ihm gut vorbereitet. Denn die Voraussetzungen waren durch die zahlreichen »Vorschulen«, neben den kirchlichen Hauslehranstalten, die die Stadt beherbergte, auf alle Fälle gegeben. Nur durch sie konnten genügend Lehrer und Professoren für die Universität gefunden werden. Allerdings war sich Rudolf, der gewohnt war, sich eingehend zu informieren, darüber im Klaren, dass nicht nur sein Wille die Entscheidung herbeiführen würde, sondern auch der Papst einverstanden sein musste, da nur der Heilige Vater verschiedene Privilegien vergeben konnte. Da aber Papst Urban V. zu Ohren gekommen war, dass der junge Heißsporn auf dem österreichischen Herzogstuhl Steuerprivilegien des Klerus drastisch beschnitten hatte, war er nicht besonders gut auf Rudolf zu sprechen. Die Abgaben, die der Klerus in Hinkunft zu leisten hatte, empörten nicht nur den Heiligen Vater, auch die österreichische Geistlichkeit war dem Herzog keineswegs freundschaftlich gesinnt, ja man bezeichnete Rudolf sogar als »neuen Pharao«.

Rudolf ließ allerdings nicht locker. Im September 1364 schickte er Abgesandte nach Avignon, wo die Päpste zu dieser Zeit residierten. Es gelang ihnen, den Papst von Rudolfs lauteren Plänen zu überzeugen. Urban gab endlich den Weg frei für die Universität in Wien, die nach den Vorbildern Prag und Krakau mit vier Fakultäten – der theologischen, der medizinischen, der juristischen und einer Artistenfakultät – ausgestattet sein sollte. Rudolf hatte eingehend die Privilegien studiert, die Professoren und Studenten an den bestehenden Universitäten hatten, und kam zu dem Schluss, dass die geistige Elite der Stadt und des Landes in einem eigenen Viertel, wo sie einer speziellen Sozialordnung und einer gesonderten Rechtsprechung unterliegen, wohnen sollte. Schon auf der Anreise nach Wien garantierte der Herzog den Wissenschaftlern Freiheit und Schutz, außerdem wurde für sie ein eigenes Erbrecht geschaffen.

Der für die Welt der Wissenschaft und für die geistige Zukunft des Landes so ausschlaggebende Tag der Gründung war der Namenstag des Heiligen Gregors, der als Schutzpatron der Lehrer gilt. Die beiden Urkunden, von denen eine in deutscher und eine in lateinischer Sprache abgefasst ist, wurden von Rudolf und seinen beiden Brüdern Albrecht III. und Leopold III. unterzeichnet. Es war für die Zeit etwas ganz Besonderes, dass Rudolf die deutsche Sprache sowohl als Amts- als auch als Urkundensprache verwendete, was natürlich manchmal Probleme aufwarf, denn das Wort »Rektor« lässt sich nun einmal schwer ins Deutsche übersetzen. Der Herzog wählte für diesen Ausdruck die eher kuriose Bezeichnung »obrist Maister der egenannten Phaffheit«.

Erst am 18. Juni 1365 kam der endgültige Sanctus durch eine Bulle des Papstes, indem er die Gründung der Universität Wien genehmigte, zunächst allerdings ohne theologische Fakultät. Was der erst 26-jährige Herzog damals nicht ahnen konnte, war die traurige Tatsache, dass er die »Volluniversität« nicht mehr erleben sollte, da seine Tage bereits gezählt waren.

Ob Rudolf IV. in seiner nur siebenjährigen Regierungszeit, die angefüllt war von Reformen, der Umsetzung von zukunftsorientierten Ideen, mit Streitereien und Fälschungen, in der er rast- und ruhelos versuchte, seine Ziele zu verwirklichen, ahnte, dass ihm nicht viel Zeit blieb, kann man nur vermuten. Denn auch die Sozialreformen, die er in Wien und in seinen Ländern durchführen ließ, waren von einer Schnelligkeit, die beinah unvorstellbar war. Überall, wohin er auf seinen Reisen kam, versuchte er der Wirtschaft Impulse zu geben, wobei er vor allem und immer wieder den Klerus im Auge hatte. Hier war auch für ihn Geld zu holen. Denn seiner Meinung nach hatte man schon zu lange den Besitz der »toten Hand« toleriert – Kirchenbesitz, der durch Schenkungen zustande gekommen war. Bis in seine Tage waren nämlich Klöster und Kirchen von jeglicher Steuer ausgenommen gewesen. Das sollte anders werden! Jetzt war unter ihm das Zeitalter der Geldwirtschaft angebrochen, er hatte die Münzprägung, die sein Vater Albrecht II. begonnen hatte, fortgeführt, sodass auch die Klöster Abgaben in Form von Goldgulden leisten mussten. Und um alles genau im Auge zu behalten, ließ Rudolf Grundbücher einführen, durch die die fälligen Zinssätze genau überprüft werden konnten, vor allem weil die Menschen plötzlich mobil geworden waren und vom Land in die Städte zogen, da sie sich hier mehr Möglichkeiten für ihr Fortkommen und vor allem mehr Schutz erhofften. Der Herzog hatte nämlich per Gesetz den einengenden Zunftzwang aufgehoben und eine Art Gewerbefreiheit eingeführt. Jeder sollte nach seinen Fähigkeiten den Beruf ausüben können, zu dem er sich befähigt fühlte. So modern diese Anschauung auch war, so stieß sie doch vonseiten der Handwerker vielfach auf Kritik, denn die etablierten Meister ihres Faches fürchteten die Konkurrenz, die von außen kam.

Aber Rudolf ließ sich in seinen Reformen nicht von Misstönen beirren: Er kümmerte sich selber um alles. Da er der Meinung war, dass Brot und Fleisch zu den Grundnahrungsmitteln des einfachen Mannes gehörten, erließ er eine »Fleischhackerordnung« für die Stadt Wien, in der nicht nur der Ort des Schlachtens beim »roten Turm«, sondern auch die Entsorgung der Abfälle direkt in die Donau festgelegt wurden.

Natürlich stammten die Ideen für diese revolutionierenden Neuerungen nicht alle von Rudolf selber: Tüchtige Berater, von denen der hochintelligente Bischof von Gurk eine besondere Stellung einnahm, unterstützten den Herzog in seinem Tun. Außerdem hatte Rudolf in seinem Schwiegervater einen genialen Lehrmeister, sodass er sich vielfach an der Umsetzung der modernen Zeitströmungen am Prager Hof orientieren konnte. Auch die Verordnungen der Stadt Nürnberg enthielten für den Herzog zukunftsweisende Ideen, die ins Konzept des Habsburgers hervorragend passten.

Natürlich brauchte der Herzog wie alle Herrscher zu jeder Zeit Geld, um alles, was ihm vorschwebte, in die Tat umsetzen zu können. Und da durch eine gewaltige Naturkatastrophe in der Silbergrube in Zeiring in der Steiermark der Geldhahn plötzlich abgedreht war, musste Rudolf eine neue Einnahmequelle finden. Er brauchte nicht lang zu suchen, denn die Idee lag für ihn auf der Hand: Er erließ auf alle Getränke, die in Gaststätten konsumiert wurden, eine Art Getränkesteuer in Höhe von zehn Prozent, das sogenannte »Ungeld«, das natürlich bei seinen trinkfreudigen Wienern nicht allzu beliebt war. Aber der Herzog war in dieser Hinsicht gnadenlos, er gab sogar – um auf Nummer sicher zu gehen – Order, das Öffnen der Fässer zu überwachen. Selbst in der Dichtung der Zeit findet das Ungeld seinen Niederschlag, wenn Peter Suchenwirt folgende Zeilen verfasste:

Ein junger Mann bewirkte Großes

Den Ungelt auf den Weinen
Lat ab durch ewer edel Zucht ...
Der gemeine Fluch pringt lützel Frucht.

Die Einnahmen aus dem Ungeld waren beträchtlich: 30 563 Pfund flossen in die Kassen des Herzogs, was einem Silberwert von achthundert Kilo entsprach. Jetzt konnte Rudolf Münzen mit seinen Initialen prägen lassen, die in allen seinen Ländern, von der ungarischen Grenze bis ins Elsass, allgemeine Gültigkeit haben sollten.

Geprägtes Geld hatte längst überall Eingang gefunden, wobei das Verleihen größerer Beträge in den Händen der Juden lag, denn es war einem Christen nicht erlaubt, Zinsen zu nehmen. Man war wohl gezwungen, Geld zu leihen, wenn es aber an die Rückzahlung ging, bezeichnete man die Juden als Wucherer und verfolgte sie. Obwohl Rudolf so wie seine Vorgänger immer noch gewisse Ressentiments gegenüber den Juden hatte, verhielt er sich ihnen gegenüber loyal, wenngleich er auch nicht alle Kredite, die er aufgenommen hatte, zurückzahlte. Aber er bemühte sich wenigstens um ein friedliches Nebeneinander, sodass sich die Juden bei Streitigkeiten vertrauensvoll an den Herzog wandten, denn es war bekannt, dass er nach jüdischem Recht sein Urteil fällte.

Nachdem sich Rudolf mit seinem Schwiegervater nach etlichen schweren Konflikten ausgesöhnt hatte, legte er sein Hauptaugenmerk auf die an seine Länder angrenzenden Gebiete in Oberitalien, vor allem auf das Friaul, wo es immer wieder zu Kämpfen kam. Vielleicht war Italien wirklich das Land seiner Sehnsucht, denn Rudolf ließ sich hier auch aufgrund verwandtschaftlicher Beziehungen zu dem dubiosen Herzog von Mailand Bernabò Visconti in alle möglichen Bündnisse hineinziehen. Bernabò war ein gefährlicher Machtmensch, der eine Unzahl von unehelichen Kindern besaß, die er standesgemäß verheiraten wollte. Jede der Töchter der »Viper von Mailand«, wie Bernabò aufgrund seines Wappentieres genannt wurde, brachte 100 000 Gulden mit in die Ehe. Eine Tatsache, die vielleicht den Bruder Rudolfs IV. besonders lockte, denn Leopold III. feierte mit Viridis in Mailand eine glanzvolle Hochzeit. Die Hofhaltung Bernabòs beeindruckte die habsburgischen Herzöge zutiefst. Leopold galt zwar sicherlich nicht als besonders attraktive Partie, wenngleich er aufgrund der habsburgischen Hausordnung von 1355 theoretisch die gleichen Rechte wie seine Brüder Rudolf IV. und Albrecht III. haben sollte. Papier war auch damals schon geduldig, denn Rudolf verstand es sehr geschickt, seine Position als Ältester auszunützen, obwohl er anscheinend in diesen Jahren schon von Todesahnungen geplagt war. Da man Jahrhunderte später bei einer Öffnung seines Sarkophags stark verwachsene Schädelknochen feststellte, ist anzunehmen, dass er an einem Hirntumor litt, der sein Gesicht lähmte. Daher regelte er nicht nur seine Nachfolge, sondern setzte noch alles daran, Margarete Maultasch zu überzeugen, dass sie ein reichliches Ausgedinge in Wien finden würde. Rudolf selber holte die Fürstin von Tirol nach dem Tod ihres einzigen Sohnes ab und brachte sie nach Wien. Die jugendliche Witwe Meinhards III. von Tirol Margarete, eine Schwester Rudolfs, musste auf Geheiß des Bruders den abgelegten ehemaligen Ehemann ihrer Schwiegermutter Margarete Maultaschs, Johann von Böhmen, heiraten und verzichtete damit auf Tirol.

Es war wahrscheinlich dem Einfluss Rudolfs, der den Beinamen »der Stifter« nicht zu Unrecht verdiente, zuzuschreiben, dass allmählich auch die Wittelsbacher sich mit der neuen Situation in Tirol abgefunden hatten und ihre

Kämpfe einstellten. Wie allerdings die Zukunft ausgesehen hätte, wäre der Herzog nicht für viele überraschend in Mailand am 27. Juli 1365 gestorben, stand in den Sternen. Denn auch im Westen waren die habsburgischen Gebiete abgerundet, sodass einem einheitlichen Staat nichts mehr im Wege gestanden hätte.

Der geniale Mann, dem vom Schicksal nur 26 Lebensjahre vergönnt waren, hinterließ keinen Erben, obwohl seine Ehe anscheinend nicht unglücklich gewesen war. Denn seine Witwe Katharina, die von ihrem Vater Kaiser Karl IV. gezwungen worden war, schon ein Jahr nach dem Tod Rudolfs den unfähigen, unattraktiven Markgrafen von Brandenburg Otto V., den Faulen, zu heiraten, beschloss nach dem Tod dieses Mannes im Jahr 1379 wieder nach Wien zurückzukehren, wo sie in Perchtoldsdorf am 26. April 1395 als alte Frau kinderlos starb. Sie wurde neben ihrem ersten Gemahl Rudolf im Stephansdom beigesetzt.

Die Trauer um den allseits tätigen, gerechten Herzog war in seinen Ländern groß. Angeblich kochte man die Leiche Rudolfs in Mailand in Rotwein, um seine sterblichen Überreste besser nach Wien bringen zu können. Man wickelte die Knochen in eine Ochsenhaut, über die man einen kostbaren persischen Mantel breitete. So wurde er in der Fürstengruft unter großer Anteilnahme der Bevölkerung beigesetzt. Als man 1739 den Sarkophag öffnete, fand man auf dem Skelett liegend ein Kreuz mit einer Inschrift, einen goldenen Ring und ein doppelschneidiges Schwert, nicht viel von einem genialen Mann, der Überzeitliches geschaffen hatte.

Kaiser und Künstler
Maximilian I.

Die Sterne standen nur zum Schein günstig, als die Gemahlin Kaiser Friedrichs III., die junge schöne Eleonore von Portugal, am 22. März des Jahres 1459 einem Sohn das Leben schenkte. Denn aus dem Stand der Gestirne hatte der enge Vertraute des Kaisers Regiomontanus den Lebenslauf des Knaben vorhergesagt, wobei viele Dinge, die im Horoskop und dessen Interpretation herauszulesen waren, tatsächlich eintrafen.

Der 22. März war nicht nur für die Eltern des Knaben ein denkwürdiger Tag, an dem die Reibereien, die zwischen den Eheleuten schon seit Jahren herrschten, vielleicht vergessen waren. Denn Friedrich III. war keinesfalls ein idealer Gatte für seine bezaubernde Frau, deren Wesen er in seiner schroffen Art niemals zu ergründen suchte. Dass er die kleine portugiesische Prinzessin seinerzeit geehelicht hatte, grenzte ohnedies an ein Wunder, aber als zukünftiger Kaiser hatte er geradezu die Verpflichtung, für Nachwuchs im Hause Habsburg zu sorgen, obwohl er als des »Reiches Erzschlafmütze« auch zu dieser Tätigkeit wenig Ambitionen zeigte. Er hatte nämlich den Vollzug der Ehe mit dem reizenden Mädchen in Italien von Woche zu Woche hinausgeschoben, sodass er schließlich nur durch List bereit war, Eleonore tatsächlich zu seiner Frau zu machen. In seiner ewig misstrauischen Art fürchtete er, in Italien einen »welschen« Sohn zu zeugen.

Im Laufe der Jahre gingen aus seiner Ehe allerdings tatsächlich etliche Kinder hervor, die aber im Säuglingsalter starben, außer Maximilian und seiner Schwester Kunigunde. Die Schuld, dass die Kinder die ersten Lebensjahre nicht überlebt hatten, hatte er seiner Gemahlin in die Schuhe geschoben, er hatte gefunden, dass die Mutter sie verzärtelt und verweichlicht hatte, sodass er jetzt nach der Geburt Maximilians alles dransetzen wollte, um den Knaben selber und durch seine Leute zu einem ganzen Mann zu erziehen. Dabei erkannte Friedrich freilich nicht, dass er alles andere als eine pädagogische Ader besaß und auch nicht die Hand hatte, tüchtige Lehrer auszuwählen, die den temperamentvollen, phantasiebegabten Knaben, der zum Leidwesen der Eltern an einer leichten Sprachstörung litt, förderten.

Solang die Mutter lebte, hatte Maximilian den nötigen Rückhalt, wenn die Lehrer so gar nicht auf seine Ideen eingehen wollten, aber später, nach dem allzu frühen Tod Eleonores, war der Knabe weitgehend Männern ausgeliefert, die dem Kind ohne jegliches Verständnis gegenüberstanden. Eleonore hatte in ihrer liebenswürdigen Art Einfluss auf die wirre, undurchschaubare politische Situation genommen, sie war es auch gewesen, die ihre schützende Hand über den kleinen Sohn gehalten hatte.

Viel zu früh hatte sie das Leben im düsteren Schloss in Wiener Neustadt, wo sie niemals glücklich gewesen war, beendet. Mit nur 31 Jahren hatte die Kaiserin die Augen für immer geschlossen, als Maximilian erst acht Jahre alt war. Ein Leben lang trauerte er um die geliebte Mutter, nach deren Tod er sich vom Vater nicht verstanden und von den strengen Lehrern falsch behandelt fühlte. Denn

Eleonore hatte bei ihrem Erziehungsstil, durch den das Kind mit sanfter Hand geführt wurde, auf die Ratschläge eines Aeneas Silvius Piccolomini gehört, der als Papst Pius II. den Stuhl Petri bekleidete. Er war seit eh und je ein Freund der Familie und erkannte untrüglich den weiten Geist des Knaben. Seine Erziehungshinweise hatten allerdings sehr wenig Einfluss auf die Einstellung des Vaters dem Kind gegenüber, der Maximilian als beinahe schwer erziehbar ansah. Es war auch fast unmöglich für den so anders gearteten Kaiser, die unglaublichen Fähigkeiten seines Sohnes zu erkennen, Vater und Sohn waren grundverschieden. Erst viele Jahre später kam es zur inneren Annäherung zwischen Friedrich III. und Maximilian, als einer die Fähigkeiten und Vorzüge des anderen zu schätzen lernte.

Nach der ersten Katastrophe im Leben des Knaben, nach dem Tod der Mutter, übernahmen uneinsichtige Lehrer die Erziehung des Kindes, die mit eiserner Hand dem Knaben die Grundzüge der damaligen Gelehrsamkeiten einzubläuen suchten. Und da sie vom Kaiser jedwede Freiheit bei ihren Erziehungsmethoden hatten, kam es nicht selten vor, dass der Prinz mit Schlägen körperlich gezüchtigt wurde. Dem Sadismus waren Tür und Tor geöffnet! Daher glich es einem Wunder, dass Maximilian trotz aller Widerwärtigkeiten zu einem frischen, fröhlichen jungen Mann heranwuchs, dem kein Baum zu hoch und kein Graben zu tief war, um mit seinem Pferd darüberzuspringen. Er strotzte vor Kraft und bewies diese nicht nur, indem er die sieben Behändigkeiten glänzend beherrschte und im Wettbewerb mit Gleichaltrigen stets als Sieger hervorging, sondern auch bei so manchen Auftritten vor einem erstaunten Publikum, zum Beispiel als er in München einer Löwin das Maul aufriss,

Maximilian I.

um ihr die Zunge herauszuholen. Wahrscheinlich war das Tier ebenso verblüfft wie die Zuschauer, denn nach dieser Aktion legte es sich friedlich neben den Prinzen und schleckte ihm die Hand ab. Ein anderes Mal wurde aus Ulm berichtet, man habe den Sohn des Kaisers beobachtet, wie er von außen über die Zinnen zur Spitze des Ulmer Münsters kletterte.

Diese Bravourstücke waren so richtig nach Maximilians Geschmack. Bis an sein Lebensende behielt er die Lust an tollkühnen Kunststücken bei und sie waren es vielleicht auch, weshalb er in kürzester Zeit im ganzen Reich eine ungewöhnliche Popularität erreichte. Maximilian hob sich nicht wie sein Vater Friedrich III., der sich viel lieber in seine geheime Alchimistenküche zurückzog, um den Stein der Weisen zu finden oder aus besonderen Legierungen Gold zu machen, vom Volk ab. Er war der Mann, der das Bad in der Menge suchte und genoss. Obwohl er anfängliche Sprachschwierigkeiten gehabt hatte, scheute er nicht davor zurück, mit jedermann Gespräche zu führen und wenn es sein musste, Reden zu halten. Denn er hatte schon bald erkannt, dass er eigentlich nicht sprachunbegabt war, beinah im Handumdrehen hatte er in den wenigen glücklichen Jahren in den Niederlanden Flämisch und Französisch gelernt, freilich eine gewisse Notwendigkeit, wollte er sich mit seiner geliebten Gemahlin Maria von Burgund nicht nur auf seine Weise unterhalten. Auch wenn Englisch gesprochen wurde, konnte er dem Inhalt der Gespräche folgen, ohne allerdings selber fließend sprechen zu können. Wichtig war für ihn, der stets auf der Hut sein musste, dass er die Unterhaltungen seiner Gesprächspartner auch nach dem offiziellen Teil verstehen und deuten konnte.

Der gutaussehende, ungewöhnlich charmante Prinz, den man allenthalben mit seinem griesgrämischen Vater verglich, war schon bald ein gern gesehener Gast in den Städten des Reiches. Und da sich herausstellte, dass Maximilian auch ein blendender Tänzer war, der das Hofieren nach allen Regeln der Kunst beherrschte, war es kein Wunder, dass schon sehr früh alle möglichen Heiratsgerüchte kursierten. Ob der junge Maximilian selber seine Hände dabei im Spiel hatte, um sich überall ins Gespräch zu bringen, ist nicht mit Sicherheit zu sagen. Denn später unternahm er nichts ohne große Propaganda. Geschickt stellte er seine Person immer in den Mittelpunkt, wurde nicht müde, sich malen zu lassen, damit er über sein Bildnis überall bekannt wurde. Er wollte auf Schritt und Tritt präsent sein, jedes Kind sollte den König und späteren Kaiser schon von Weitem erkennen, wenn er im Lande war.

Es war vielleicht die Anonymität seines Vaters, der zwar als Kaiser über das gewaltige Reich offiziell herrschte, von dem aber niemand sagen konnte, wie der Mann auf dem Thron eigentlich aussah. Friedrich III. war und blieb ein Unbekannter. Dies sollte sich unter seinem Sohn gewaltig ändern!

Natürlich hatte man sich über die Gemahlin, die der Kaisersohn einmal zum Altar führen sollte, reichlich Gedanken gemacht. Selbst dem lethargischen Friedrich III. war dies nicht gleichgültig, und so stellte auch er politische und vor allem finanzielle Überlegungen an. Denn Friedrich war ein Kaiser ohne Geld, obwohl er eine der wertvollsten Edelsteinsammlungen sein Eigen nannte. Da er aber die geliebten Steine, die er teilweise selber im Heiligen Land erworben hatte, nicht zu Geld machen wollte, um seine verschiedenen Unternehmungen zu finanzieren,

Maximilian I.

war er beinah ein Leben lang arm wie eine Kirchenmaus. Die einzige Chance für das Haus Habsburg an Geld zu kommen, war eine reiche Heirat Maximilians.

Der Herzog von Burgund, Karl der Kühne, schien der ideale Schwiegervater für den armen Prinzen. Denn Burgund galt nicht nur als äußerst wohlhabendes Land, das Maria, die einzige Tochter des Herzogs, nach dem Tode des Vaters einmal erben würde. Die junge reizende Maria war noch dazu die beste Partie in Europa.

Dass die »goldene« Herzogstochter, nicht unbeachtet auf dem europäischen Heiratsmarkt geblieben war, war allgemein bekannt. Denn der König von Frankreich Ludwig XI. unternahm so ziemlich alles, um Maria für seinen erst fünfjährigen Sohn Karl als Braut zu gewinnen. Aber die Sympathie des burgundischen Herzogs gehörte eher dem Habsburger, der zwar mit wenig Mitteln aber mit großen Machtkompetenzen ausgestattet war. Durch Friedrich III. hatte Karl der Kühne die Chance, eine Königskrone zu erwerben, die er dann später seinem Schwiegersohn Maximilian vererben wollte.

Der Plan entbehrte nicht eines gewissen Reizes, wenngleich er nicht in Erfüllung gehen sollte. Zwar waren alle Abmachungen zwischen den beiden Vätern unter Dach und Fach, als Karl in der Schlacht bei Nancy gegen die Franzosen getötet wurde – eine Katastrophe für seine junge Tochter Maria, die plötzlich schutzlos in einer Welt von feindlichen Heiratskandidaten stand. Dass Maximilian, der von Maria ersehnte Bräutigam, das endgültige Rennen um ihre Hand machte, grenzte beinah an ein Wunder. Obwohl Maximilian die brisante Lage Marias erkannt hatte, fehlten ihm sämtliche Mittel, um standesgemäß auf Brautfahrt zu gehen. Aber in seiner optimistischen Art machte sich der Prinz doch auf den

Weg, wo man ihm immer wieder im letzten Moment unter die Arme griff, damit er endlich in die Niederlande kommen konnte. Zwar hatte sein Vater versucht, Geld für dieses Unterfangen aufzutreiben, aber keiner der Fürsten sah ein, dass er seine Geldtruhen öffnen sollte, damit der habsburgische Prinz die burgundische Prinzessin heiraten konnte. Diese Heirat erschien vielen als reine Privatsache, obwohl sie sich schon bald als hochpolitisch erweisen sollte.

In den Niederlanden liebte man zwar die brünette, reizende Herzogstochter, dem jungen Habsburger allerdings stand man mit gemischten Gefühlen gegenüber. Eigentlich war man schon allein durch die gemeinsame Sprache den Franzosen mehr verbunden als den Österreichern, die man eigentlich gar nicht kannte. Aber jedes Kind musste einsehen, dass der schöne, blond gelockte Maximilian ein anderer Bräutigam für Maria war als der schwächliche, hässliche fünfjährige Karl! Daher änderte sich die Volksmeinung beinah über Nacht, als der fesche Prinz in seiner silbernen Rüstung mit prunkvollem Gefolge in den Niederlanden einzog.

Die Hochzeit 1477 war sicherlich der Höhepunkt im Leben Maximilians, er hatte die Frau gefunden, die er von Herzen liebte und mit der er glücklich werden wollte. Dass die trauten Stunden der Zweisamkeit, in denen er in die Wunderwelt der burgundischen Hochkultur eingeweiht wurde, gezählt waren, dafür sorgte schon der zu kurz gekommene König von Frankreich. Ein fünfzehn Jahre dauernder Kampf um die Vormachtstellung in Europa begann schon bald nach der Trauung in Gent, Ludwig XI. ließ keine Möglichkeit aus, dem Habsburger das Leben schwer zu machen. Er begann durch verschiedene Listen und bösartige Verleumdungen Maximilian bei der niederländischen Bevölkerung schlecht zu machen, um so zu bewirken, dass der Prinz keinesfalls Herzog von Burgund werden konnte, sollte seiner Gemahlin etwas zustoßen. Nur die beiden Kinder Philipp und Margarete, die in den nächsten Jahren das Licht der Welt erblickten, zählten für die Niederländer. Sie ernannte man sofort nach dem überraschenden Tod der Mutter 1482 zu den Regenten. Maximilian sollte leer ausgehen, er war plötzlich, nachdem man die geliebte Frau zu Grabe getragen hatte, wieder ein Fremder unter Fremden, den man unter gar keinen Umständen respektierte oder gar als Herrscher haben wollte. Unruhen und Aufstände im ganzen Land waren das Erbe, das Maximilian nach Marias Tod antreten musste. Und da er mit Waffengewalt angegriffen wurde, antwortete er in derselben Sprache, wobei er den Kürzeren zog. Man nahm den späteren Kaiser des Reiches in Brügge gefangen und sperrte ihn in der Kranenburg in einen Käfig, wo man ihn allen möglichen psychischen Qualen aussetzte. Als Kaiser Friedrich III. von den Vorgängen in den Niederlanden hörte und erkannte, in welch schreckliche Lage sein einziger Sohn geraten war, raffte er sich auf und mithilfe eines Reichsheeres erreichte er die Befreiung Maximilians. Nach weiteren äußerst verlustreichen Kämpfen und persönlichen Schicksalsschlägen musste Maximilian erkennen, dass er in Zukunft keine Chancen in den Niederlanden haben würde. Resignierend übertrug er 1489 seinem Freund und Weggefährten Albrecht von Sachsen das Kommando über das Land.

Es war die Tragik im Leben des ungewöhnlich aktiven und künstlerisch interessierten Mannes, dass er seine zukunftsorientierten Ideen nicht verwirklichen konnte, da ihm auf der einen Seite das Geld und daher die Macht fehlte, um die Reichsfürsten überzeugen zu können, und auf der anderen, dass er ständig in Kriege verwickelt wurde, die weder Land noch Erfolg, noch Renommee brachten. Von allem Anfang an verspürte der junge Prinz die Feindschaft des französischen Königs, die vom Vater auf den Sohn vererbt wurde. Maximilian hätte durch seine Ambitionen das Reich zu einem modernen Staat mit großer Zukunft machen können, denn er wollte all das zum Wohle des Reiches verwirklichen, was er anderswo schon kennengelernt hatte. Eine Symbiose schwebte ihm vor, das Beste aus allen Regionen sollte durch ihn in seinen Gebieten umgesetzt werden.

Durch Maria von Burgund war er in die Schönheiten der Literatur, aber auch der Musik eingeführt worden, die ihn für sein weiteres Leben prägen sollten. Er wollte nicht nur Herrscher in einem Reich sein, dieses Land sollte auch kulturell einen Aufschwung nehmen. Dichter und Denker, Maler und Musiker, das waren die Menschen, mit denen sich Maximilian umgab, er unterstützte die Künstler seiner Zeit, obwohl er selber stets leere Taschen hatte. Ja, er griff selbst zur Feder, um seine eigenen Erlebnisse und verschiedene Denkwürdigkeiten zu Papier zu bringen. So schilderte er in seinem »Weißkunig« Folgendes: »Es kamen auch underwegen zu dem jungen weißen kunig vil erzbischof, bischof und fursten mit einer sondern anzal ritterschaft, die mit dem jungen kunig zugen bis zu der edln schönen kunigin.«

Wenn er selber nicht dazu kam, schriftlich Zeugnis von seinen Taten zu geben, beauftragte er Schreiber, die seine Abenteuer zu Papier bringen sollten. So entstand die Aufzeichnung seiner Brautfahrt nach Burgund, in der er sich selber als Terdank bezeichnete, der von vielen Feinden wie »Fürwittig«, »Unfallo« und »Neidel-

Maximilians geliebte Gemahlin Maria von Burgund (1457–1482), die Mutter seiner Kinder Philipp und Margarete.

hart« umgeben war. Diese üblen Gesellen legten ihm auf seinem Zug in den Westen jede Menge Gefahren in den Weg, die Elemente schienen sich gegen ihn verschworen zu haben: Eis und Schnee, Lawinen und große Dürre machten ihm das Leben zur Hölle. Nur seine Liebe zur fernen Maria, die er von Medaillons her kannte, ließen ihn all die Unbilden überstehen. Bunte Phantasie und wirkliche Erlebnisse vermischen sich in diesem Werk zu einem anschaulichen Buch über die Wirrnisse der Zeit.

Liest man Maximilians Darstellungen im »Weißkunig« und »Teuerdank«, so kommt man zu dem Ergebnis, dass dieser Habsburger das Talent gehabt hätte, als einer der bedeutendsten Dichter des ausgehenden 15. und beginnenden 16. Jahrhunderts zu werden. Denn sowohl Phantasie als auch Sprachkunst waren ihm im Übermaß zu eigen. Außerdem war er einer, von dem man mit Fug und Recht sagen konnte: »Ein Ritter so geleret was, das er von den buochen las …«

Aber das Schicksal hatte ihn zum Kaiser auserkoren. Ein friedliches, beschauliches Leben war ihm nicht vergönnt. Von Anfang an ließ ihn die »Spinne Europas«, wie er Ludwig XI. von Frankreich bezeichnete, nicht in Ruhe, genauso wenig wie später dessen Sohn Karl VIII., der ihm die größte Schmach seines Lebens bereiten sollte, indem er Maximilian die Braut stahl, mit der der König schon *per procurationem* verheiratet war.

Der junge französische König war Maximilian schon in mancherlei Hinsicht verhasst gewesen, denn die Generalstaaten der Niederlande hatten mit seinem Vater abgesprochen, dass die Tochter Maximilians, die kleine Margarete, diesen hässlichen jungen Mann heiraten sollte. Die Ehe wurde zwar in Amboise, wo sich der fran-

Maximilian I.

zösische Hof aufhielt, geschlossen, aber natürlich nicht vollzogen – Margarete war bei ihrer Trauung ganze drei Jahre alt.

Als nun Franz II., der Herzog der Bretagne, überraschend starb und eine 12-jährige Tochter hinterließ, bewarb sich der Witwer Maximilian, der in der Zwischenzeit keineswegs wie ein Mönch gelebt hatte, um die Hand des hübschen Mädchens, das allerdings einen kleinen Gehfehler hatte. Anne war über die Werbung des deutschen Königs beglückt, galt Maximilian mit seinen dreißig Jahren immerhin noch als attraktiver Mann, der im Laufe seines Lebens allein 36 »natürliche« Söhne gezeugt hatte, ein Frauenheld wie aus dem Bilderbuch! Anne war aber nicht nur ein nettes Mädchen, das auf einen Freier wartete, sie brachte das hochinteressante Gebiet der Bretagne mit ins Brautbett. Und die Aussicht auf das Land rief sofort den jungen französischen König auf den Plan. Kaum hatte Karl VIII. von diesem Heiratsprojekt erfahren, als er nicht einmal die Scheidung von Margarete, die er in Rom angestrebt hatte, abwartete, sondern mit Waffengewalt in der Bretagne eindrang und die Braut Maximilians mit Gewalt ins Brautbett schleppte, obwohl es schon eine feierliche Trauung mit Maximilian durch einen Stellvertreter gegeben hatte, über die Folgendes berichtet worden war:

König Maximilian schickte seinen Diener, einen, genannt Herbolo von Polhaim gen Britannia zu empfangen die königliche Braut; der war in der Stadt Rennes ehrlich empfangen, und daselbst beschlief der von Polhaim die königliche Braut, als der Fürsten Gewohnheit ist, daß ihre Sendboten die fürstlichen Bräute in ihrem Harnisch mit dem rechten Arm und dem rechten Fuß bloß und ein bloßes Schwert dazwischen gelegt, beschlafen. Also haben die alten Fürsten getan, und ist noch die Gewohnheit. Da das alles geschehen, war der Kirchgang mit dem Gottesdienst nach Ordnung der heiligen Kahnschaft mit gutem Fleiß vollbracht.

Maximilian erkannte seinen gewaltigen Fehler, nicht persönlich bei der Trauung anwesend zu sein, viel zu spät. Aber einerseits war er viel zu sehr mit den Angelegenheiten im Reich und in Ungarn beschäftigt, als dass er sich um diese höchst private Angelegenheit kümmern konnte, und andererseits interessierte ihn der kleine Backfisch herzlich wenig. Außerdem war er wahrscheinlich den Franzosen gegenüber immer noch zu gutgläubig, wenngleich kaum ein anderer auf die Idee gekommen wäre, ihm die offiziell angetraute Braut zu rauben!

Denn die Empörung über diese perfide Handlung Karls VIII. machte sich in ganz Europa breit, selbst der Papst, Alexander VI., ein Mann, der die Moral nicht gerade hochhielt, verurteilte die Tat des französischen Königs aufs Tiefste. Die Ärmste bei dieser schmutzigen Geschichte war sicherlich die kleine Anne de Bretagne, der man nicht nur ihr Reich gestohlen hatte, sondern die in den Armen des abgrundhässlichen kleinen Franzosen um das Glück ihres Lebens betrogen wurde. Sie sollte auch späterhin wegen ihres Landes zum Spielball in der Politik werden, keiner fragte nach den Gefühlen und Wünschen des jungen Mädchens. Wehrlos, wie sie war, musste sie hinnehmen, was ihr beschert wurde.

Da Maximilian nicht wie sein Vater in Wiener Neustadt eine feste Residenz hatte, sondern ununterbrochen unterwegs war, erhielt er schon bald den Beinamen: »Der Kaiser mit den fliehenden Sohlen«. Er war überall und nirgends, denn Unruheherde gab es mehr als genug und wenn schon die Franzosen sich einmal ruhig verhielten, zettelte sein Schwager, der Bayernherzog Albrecht, Kampfhandlungen an, dem es um das Erbe von Niederbayern ging. Einzig und allein in Innsbruck kam Maximilian, der noch zu Lebzeiten seines Vaters zum deutschen König in Frankfurt gewählt und in Aachen gekrönt worden war, zur Ruhe. Hier unter seinen Tiroler Freunden fühlte er sich rundum wohl, von Innsbruck aus unternahm er seine berühmten Jagden und bestieg die Berge, was in der damaligen Zeit ein unbekanntes Vergnügen war, da man sich vor den bösen Geistern fürchtete, die womöglich auf den Bergen wohnten. Aber auch Augsburg war ihm lieb und teuer, er hatte es den Augsburgern nicht vergessen, dass sie ihm auf seinem Brautzug nicht nur ein Fass frischen Rheinweines, sondern auch eine ganze Hammelherde und zusätzlich noch einen großen Pokal mit blinkenden Goldstücken geschenkt hatten.

Wenn ihm auch der französische König die Braut gestohlen hatte, so war es für Maximilian keineswegs ein Problem, einen Ersatz zu finden. Aus dem Romantiker früherer Tage war mittlerweile ein Realpolitiker geworden, der seine Gefühle nicht im Ehebett ausdrücken wollte. Die Frau, der er seine Hand reichen wollte, musste reich sein. Alles andere war ihm gleichgültig. Und da er auch politisch genauso wie der König von Frankreich große Ambitionen auf Mailand hatte, ließ er dem dortigen Regenten Ludovico il Moro ausrichten, dass er Interesse an dessen Nichte Bianca Maria hätte – freilich nur, wenn die Mitgift entsprechend ausfallen würde. Für den zufällig zum Regenten von Mailand aufgestiegenen Ludovico war die Chance seines Lebens gekommen, als Maximilian ihm für seine eventuellen Dienste die Herzogswürde in Aussicht stellte. Auch für die 18-jährige Bianca Maria schien ein Lebenstraum wahr zu werden, sie würde als Gemahlin Maximilians die erste Dame des Reiches sein und vielleicht einmal Kaiserin. Denn es hatte sich mittlerweile herumgesprochen, dass Papst Alexander VI. Borgia angeboten hatte, Maximilian in Mailand zum Kaiser zu krönen. Aber Maximilian wollte wie sein Vater in Rom gekrönt werden, was sich allerdings als undurchführbar erweisen sollte. Kein Papst krönte ihn 1508 in Trient, er selber musste sich die Krone aufsetzen.

Der Traum Bianca Marias, den ihr Oheim ihr erfüllte, erwies sich als einziger Albtraum, denn Maximilian nahm zwar die 400 000 Dukaten mit offener Hand, seine junge Frau interessierte ihn aber herzlich wenig, sodass er sich nicht nur reichlich Zeit ließ, die Ehe tatsächlich zu vollziehen, sondern auch jegliches Beisammensein mit Bianca Maria vermied. Völlig verhärmt, vom Leben und ihrem Ehemann enttäuscht, starb die junge Frau in der Silvesternacht des Jahres 1510.

Auf den vielen Kriegszügen, die Maximilian im Kampf gegen Frankreich an der Seite der Heiligen Liga, der einige europäische Staaten und je nach Lust und Laune der Papst angehörten, hatte er italienische Künstler und ihre Werke kennengelernt. Er bedauerte dabei zutiefst seine Situation, die ihm keine Gelegenheit gab, sich in Ruhe mit der Kunst zu beschäftigen. Schon im Reich waren in seinem jeweiligen Wohnsitz den Künstlern Tür und Tor geöffnet, als ausgesprochener Kunstkenner unterschied er aber ganz genau zwischen Dilettanten und hochtalentierten Männern. Denn Frauen spielten in der Kunst der Maximilianischen Zeit keine Rolle. Während Maximilian einem Albrecht Dürer große Aufträge zukommen ließ und sich kaum in die Konzeptionen des Meisters einmischte, griff er bei jeder Gelegenheit in die Entwürfe Jörg Kölderers ein und skizzierte da und dort selber, wenn er andere, bessere Ideen zu haben glaubte. Für ihn war Kölderer und so mancher andere »Hofmaler« mehr ein Handwerker als ein Künstler. Die wahren Meister ihres Faches aber entließ der Kaiser aus dem Handwerkerstand und stellte sie auf eine Stufe mit den Gelehrten. Albrecht Dürer und Albrecht Altdorfer konnten sich derselben Wertschätzung erfreuen wie die großen Humanisten und Musiker, wobei Dürer eine ganz besondere Position einnahm. Es war ihm gestattet, den Kaiser ohne große Formalitäten aufzusuchen, um ihm seine Entwürfe vorzulegen, die Maximilian mit ungezügelter Neugierde erwartete. Der Kaiser erkannte Dürers Genie und räumte ihm alle nur möglichen Privilegien ein, damit dieser unter besten Bedingungen seine Werke schaffen konnte. Im Jahre 1512 erließ er dem Meister persönlich sämtliche Steuern, »dieweil derselb in der kunst der malerei für an der maister berüembt wirdt«. Und damit Dürer beruhigt in die Zukunft schauen konnte, setzte er ihm wenig später eine lebenslange Pension von hundert Gulden pro Jahr aus, einen Betrag, mit dem man in der damaligen Zeit einigermaßen standesgemäß leben konnte.

Die beinahe freundschaftliche Beziehung zwischen dem berühmten Künstler Albrecht Dürer und dem Kaiser mit der künstlerischen Seele war allgemein bekannt. Für so manchen Zeitgenossen allerdings war es nicht leicht, einen Künstler als außerordentlichen Menschen zu akzeptieren, da die Standesunterschiede es nicht zuließen, die starren Barrieren zwischen den einzelnen Klassen zu überspringen. Adel war eben Adel und der

Bauer blieb ein Bauer, auch wenn in ihm ein Genie verborgen war!

Auch die Leutseligkeit des Kaisers änderte an diesen Tabus nicht viel. Der Status der Geburt blieb entscheidend für Privilegien und Vergünstigungen, die man für sich in Anspruch nahm. Selbst für einen Meister wie Albrecht Dürer galten in den Augen der kaiserlichen Bediensteten diese Gesetze. Maximilian allerdings sah dies aus einem ganz anderem Blickwinkel, für ihn zählte weniger der Adel der Geburt als der Adel des Geistes, was eine Episode aus seinem Leben ganz besonders beweisen sollte: Eines Tages stand Albrecht Dürer in Anwesenheit des Kaisers auf einer Leiter und arbeitete voller Elan an einem neuen Werk. Plötzlich geriet die Leiter ins Schwanken. Maximilian, der etwas abseitsstand, erkannte die Gefahr, in der der Meister schwebte, und rief einem Adeligen zu, er möge dem Künstler die Leiter halten. Dieser aber empfand das Ansinnen des Herrschers als Zumutung, dass er einem »Handwerker« dienlich sein sollte. Daraufhin sprang Maximilian im letzten Moment selbst herbei, fixierte die Leiter und meinte zu dem beschämten Mann, er könne aus jedem Bauern einen Adeligen machen, aber aus keinem Adeligen einen Albrecht Dürer!

Dürer hatte für seinen Mäzen große Werke geschaffen wie die »Ehrenpforte« oder den »Triumphzug«, wobei der Meister die Verherrlichung des Hauses Habsburg, das durch Maximilian zu europäischer Bedeutung aufgestiegen war, im Auge hatte. Skizzen zu dem Monumentalwerk stammten schon von Jörg Kölderer, die der Kaiser zwar korrigiert hatte, da »das hofgemäl, sonderlich dasjene, so nit so gar köstlich ist«.

Natürlich förderte Maximilian nicht selbstlos die Künstler seiner Zeit. Ihm schwebte immer und überall vor, dass

Maximilian I.

jeder Meister zum Ruhme des Kaisers etwas beitragen konnte. All seine Taten, auch die Errettung aus der Martinswand, ließ er sorgfältig niederschreiben, je mehr über ihn berichtet oder je öfter er portraitiert wurde, umso größer wurde seine Popularität. Auch die persönlichen Werke des Kaisers fanden eine rasche Verbreitung durch die neue Kunst des Buchdruckens, die Johannes Gutenberg gerade noch rechtzeitig erfunden hatte. Maximilian gab, nachdem ihm die neuen Möglichkeiten des Buchdrucks unterbreitet worden waren, sofort den Auftrag, Helden- und Volkslieder zu sammeln, um sie der Nachwelt im großen Stile zu erhalten. Informationsblätter, die von keinen Geringeren als Hans Burgkmair und Hans Schäufelein gestaltet wurden, tauchten überall im Reich auf und vermehrten die Popularität des Kaisers.

Maximilian liebte die Kunst in all ihren Facetten, dabei galt sein Interesse der Goldschmiedekunst genauso wie der Stahlstecherei. Wo immer er konnte, schaute er den Meistern über die Schulter und ließ sich in deren Geheimnisse einweihen. Neben seinem Interesse an der Kunst entwickelte er im Laufe seines Lebens eine besondere Neigung für kostbare Edelsteine, ein Erbe seines Vaters! Schon Kaiser Friedrich III. hatte einen wahren Schatz an blinkenden und blitzenden Steinen erworben, den Maximilian nach dem Tode seines Vaters im August 1493 überall im Reich suchen ließ, da ihm das Versteck für die Kleinodien unbekannt war. Er ließ die Wandvertäfelungen in der Burg von Nürnberg herausreißen – ohne Erfolg. Auf Burg Strechau in der Steiermark wurde er endlich fündig, hier lag ein Teil der Pretiosen. Obwohl er durch sie vorübergehend alle Geldsorgen hätte vergessen können, konnte er sich nicht entschließen, die wertvollen Edelsteine zu Gold zu machen, um seine Schulden bei den Fuggern zu bezahlen.

So wie viele andere Künstler auch, verstand es der Kaiser nicht, hauszuhalten, das Geld rann ihm buchstäblich durch die Finger, sodass es keine Seltenheit war, wenn er sich heimlich und unerkannt im Morgengrauen aus den Städten schlich, wo er die Rechnungen für sich und sein Gesinde nicht zahlen konnte. In Augsburg drückte man ein Auge zu, die Stadt Innsbruck allerdings nahm ihm sein Verhalten übel. Sosehr die Gläubiger hinter dem Kaiser her waren, so zeigte Maximilian seinen Künstlern gegenüber stets eine offene Hand und vor allem auch ein offenes Ohr für deren Sorgen und Nöte. Der geniale Bildhauer Veit Stoß hatte es dem Kaiser persönlich zu verdanken, dass er nicht bis an sein Lebensende ohne Hände im tiefsten Kerker schmachten musste. Stoß war nach seiner Rückkehr aus Krakau in dubiose Machenschaften verwickelt worden, weshalb er gebrandmarkt und ins Gefängnis geworfen wurde. Als Strafe sollten ihm beide Hände abgehackt werden. In ihrer Verzweiflung über das harte Urteil wandten sich die Freunde des Künstlers an den Kaiser, der nicht einmal eine Untersuchung der Anklage anordnete, ihm genügte allein die Meisterschaft des Bildhauers! Er verfügte per Handschreiben, dass Veit Stoß durch seinen Entschluss »die Absolution seiner auferlegten straff erlangte und von der straff restituiert und habilitiert wurde«.

Jeder Künstler war am Hofe Maximilians herzlich willkommen, wenngleich man eigentlich niemals so recht wusste, wo sich der Kaiser gerade aufhielt. Wochenlang reisten die Künstler ihm nach, war einer aber an Ort und Stelle, öffneten sich die Tore für den Auserwählten wie von selbst und die besten Gemächer standen ihm zur Verfügung. Wenn es nur irgendwie möglich war, verschob Maximilian alle Termine und Verabredungen, wenn er einen Meister seines Faches begrüßen konnte. Bei diesen Gelegenheiten wich der Kaiser von seinem sonstigen kargen Lebensstil ab, nur das Beste aus Küche und Keller wurde dem Gast auf silbernen und goldenen Tellern serviert. Daher waren es für jeden, der durch seine Werke die Gunst des Kaisers erlangt hatte, unvergessliche Stunden, für die sich die Künstler in ihren die Zeiten überdauernden Werken bedankten.

Alle, die den Kaiser persönlich kannten, schätzten sein fröhliches Wesen und seinen humorvollen Charakter. Man war gerne in seiner Nähe und lauschte den Dichtern, die sich, sooft es ging, in der Nähe Maximilians aufhielten. Besonders die Werke von Sebastian Brant hatten es dem Kaiser angetan, denn in ihnen drückte sich hervorragend der Geist der Zeit aus. Im Hintergrund spielte die Kapelle des Herrschers während aller Darbietungen leise Musik, Maximilian konnte sich ein Leben ohne Musik nicht vorstellen. Wo immer er unterwegs war, begleiteten ihn ein Chor und eine Schar von Instrumentalmusikern, auch die Hofkomponisten durften nicht fehlen, deren Aufgabe es war, dem Kaiser stets neue Kompositionen selbst unter schwierigsten Bedingungen vorzutragen. Höchstpersönlich ordnete Maximilian an, dass in vielen Städten Musikkapellen aus einheimischen Musikern gegründet werden sollten. Hatte der Kaiser von einem Musiker eine besonders hohe Meinung wie von dem Hofkaplan und »Singer« Georg von Slatkonia, der sich einen hervorragenden Namen gemacht hatte, so konnte es schon vorkommen, dass er mit reichlichen Pfründen versehen wurde und als Bischof von Wien und Rat des Kaisers ein sorgenfreies Leben führen konnte. Denn musikalisch, wie Maximilian war, war er wirklich in der Lage, Musiktalente zu erkennen, besaß er selber auch eine schöne Singstimme und ein beinah absolutes Gehör. Seine Zeitgenossen waren vielfach hingerissen von der Musikalität und den Musikkenntnissen des Kaisers. Johannes Cuspinian, sein Leibarzt, der es mit seinem eigenwilligen Patienten keineswegs leicht gehabt hatte, äußerte sich über die Neigung Maximilians zur Musik:

> *Der Kaiser war ein einzigartiger Musikliebhaber. Das geht schon daraus deutlich hervor, daß alle großen Meister der Tonkunst unserer Zeit in jeder Musikgattung auf allen Instrumenten durch seine Fürsorge sich wie auf fruchtbarem Acker entfalten. Ich könnte einen Katalog all der Musiker aufstellen, die ich dort kennen gelernt habe, wenn ich nicht die Länge scheute.*

Zu allen Anlässen begleiteten die Musiker den Kaiser, für den die Bläser von besonderer Wichtigkeit waren. Ein französischer Chronist aus Metz berichtete:

> *[Er] saß in einem mit Teppichen behängten Saal ganz allein bei Tisch, ohne eine andere Person als seinen Hofnarren bei sich zu haben; bei jedem Mahle, mittags oder abends, waren zehn Trompeter und zehn weitere Bläser, die musizierten; dabei waren zwei große Pauken aus feinem Kupfer, mit Eselshäuten bedeckt, die auf zwei Körben standen; in der Mitte saß ein Mann, der mit einem dicken Stock darauf lostrommelte, doch so, daß der Ton mit dem der anderen Instrumente im Einklang war, wie das in Ungarn und der Türkei gebräuchlich ist, was höchst wunderbar und ergötzlich zu hören war.*

Die Sänger und Instrumente, die Maximilian bevorzugte, wurden von Künstlern sowohl im »Freydal« als auch im »Triumphzug« dargestellt. Der Kaiser wäre für seine Zeitgenossen ohne Musik nicht vorstellbar gewesen!

Dichtung und Musik gingen in dieser Zeit vielfach eine Symbiose ein, die Aufführung von Gesamtkunstwerken stand an der Tagesordnung, wobei sowohl Dichtern wie Conrad Celtis als auch Komponisten wie Heinrich Isaac große Ehren erwiesen wurden.

Die Künstler kostete es keine Überwindung, die Wertschätzung, die man dem Kaiser allenthalben entgegenbrachte, in jeder nur denkbaren Form auszudrücken. Wusste man doch, man stand einem genialen Mann gegenüber, der selber die Fähigkeiten zu einem bedeutenden Dichter hatte. Dazu kam der unverwüstliche Humor Maximilians, den er auch in aussichtslosen Situationen nicht verlor. Sein Lebensmotto war von frühester Jugend an, einmal ein »fröhlicher König« zu sein. Für ihn war das Leben ein Spiel und er war alles andere als ein Spielverderber!

Dass sein politischer Werdegang unter seiner leichten Lebensauffassung leiden musste, war für niemanden unverständlich. Denn für die Reichsfürsten, von denen jeder sein eigenes Süppchen kochte, war er ein Bonvivant, der das süße Leben aber auch den Kampf gegen den französischen König, Venedig oder gegen die Schweizer liebte. Um wirklich erfolgreich gegen diese Vielzahl der Feinde ankämpfen zu können, hätte man im Reich sämtliche Geldtruhen bis auf den Grund leeren müssen, wozu natürlich niemand bereit war. Daher kam Maximilian schon sehr bald auf die Idee, die Großen des Reiches per Gesetz dazu zu verpflichten und eine Reichssteuer im Rahmen einer Reichsreform einzuführen. Außerdem sollten andere Reichsangelegenheiten zusätzlich geregelt werden, ein genereller Landfriede, der im Zusammenhang mit einem Fehdeverbot stand, sollte in der Zukunft für Sicherheit sorgen, Ordnung sollte das Reichskammergericht bringen, bei dem unabhängige Richter nach dem römischen Recht urteilen sollten. Damit wollte Maximilian verhindern, dass der Grund- oder Lehensherr die Rechtslage in seinem Land bestimmte. Da aber die Richter, die von den Erträgen der Reichssteuer bezahlt werden sollten, mangels entsprechender Gelder kein Einkommen hatten, waren sie nach wie vor Handlanger des »Suppenessergerichts«, das heißt, sie urteilten nach dem Gutdünken ihrer Brötchengeber. Um all diese Neuerungen, die auf dem Reichstag von Worms 1495 beschlossen worden waren, durchsetzen zu können und um sich außerdem gegen eindringende Feinde abzusichern, sollte das Reich eine allgemeine Landwehr bekommen. Aber so wie die anderen Reformvorschläge Maximilians hörten sich die Reichsfürsten alles an, nickten wahrscheinlich mit dem Kopfe, um sich sofort auf Veranlassung des Reichskanzlers Berthold von Mainz gegen jegliche Änderung der bestehenden Zustände auszusprechen.

Maximilian war wahrscheinlich viel zu optimistisch und ein viel zu schlechter Menschenkenner, um seine Pläne mit den geeigneten Männern in die Tat umzusetzen. Die politische Lage in Europa war auch nicht dazu angetan, ihn auf Vorgänge im Reich zu fixieren. Die ständigen Kriegsschauplätze in Italien, wo die Fronten der Verbündeten immerzu wechselten, machten seine Anwesenheit notwendig, genauso wie er sich im Kampf gegen die Schweizer aufrieb. Aus Siegen wurden in Windeseile Niederlagen, wer heute Freund war, konnte morgen schon den Spieß umgedreht haben. Obwohl Maximilian des

Maximilian I.

Öfteren in Lebensgefahr geriet wie bei Livorno, so liebte er wahrscheinlich die Gefahr als persönliches Abenteuer, wo er Mut und Tapferkeit beweisen konnte. Er wäre ein Haudegen vom Scheitel bis zur Sohle gewesen, ein letzter Ritter oder schon ein Landsknecht, wären seine künstlerischen und kulturellen Ambitionen nicht gewesen, die sein Leben anders gestalteten.

Die Pläne gingen dem tatendurstigen Menschen nicht aus. Nachdem er seine legitimen Kinder Philipp und Margarete gewinnbringend mit den Erben Spaniens Juana und Juan verheiratet hatte, setzte er sich ein nächstes großes Ziel: Er wollte zum Kaiser gekrönt werden. Und da Papst Alexander VI. mittlerweile gestorben war und dessen Nachfolger Julius II. dem deutschen König keineswegs gut gesinnt war, musste er wohl oder übel von seiner ursprünglichen Idee, sich in Rom krönen zu lassen, Abstand nehmen. Er beschloss zusammen mit seinem politisch versierten Berater Matthäus Lang die Krönung in Trient, wo er sich, nachdem Matthäus Lang es offiziell von der Kanzel verkündet hatte, im Jahre 1508 die Krone des Heiligen Römischen Reiches aufs Haupt setzte. Dass anschließend ausgiebigst getafelt und getanzt wurde, lag ganz im Sinne des neuen Kaisers.

Auch als Kaiser setzte er seine Kämpfe gegen Frankreich fort, zusammen mit dem englischen König Heinrich VIII. errang er einen beachtlichen Sieg über König Ludwig XII. bei Guinegate, einem Ort, wo er schon als junger, dynamischer Feldherr die Franzosen geschlagen hatte. Tagelang feierte er zusammen mit Heinrich VIII. die Niederlage seines Erzfeindes, dieser Sieg war für ihn die große Genugtuung in seinem kämpferischen Leben. Vielleicht wollte er auch zeigen, dass in der Zukunft nicht mehr Frankreich der Feind des Reiches sein sollte, sondern die von Osten anstürmenden Türken. Daher würde Friede im Westen nottun, um diese Gefahr für Europa abwenden zu können.

Als sich Maximilian in Trient im Jahre 1508 selber zum Kaiser gekrönt hatte, war er kein junger Mann mehr. Es schien Zeit für ihn zu werden, sich auf seine Rolle im Jenseits zu besinnen. Der lebenslustige Mann hatte sich eine eigene religiöse Philosophie zurechtgelegt, die nicht unbedingt mit den Lehren des Katholizismus konform ging, wobei man bei der damaligen Situation der Kirche ohnedies nicht wusste, wie man sich orientieren sollte. Die Päpste hatten Frauen und Kinder und führten das luxuriöse Leben reicher Fürsten, das durch die Ablassgelder, die so mancher Rechtgläubige gespendet hatte, finanziert wurde. Vielleicht brachte diese Beobachtung Maximilian auf die Idee, selber Papst werden zu können. Er ließ, so wie es immer seine Gewohnheit war, diesen Plan verbreiten, der überall auf helle Empörung stieß. Denn die weltliche Macht, die der Kaiser besaß, vereint mit der geistlichen in einer Hand, das grenzte an Frevel, sodass Kardinal Sigismondo Gonzaga, ein einflussreicher Kirchenfürst dies in Worte ausdrückte: »Ein nie erlebter und unerhörter Fall!« Aber der Kaiser war Widerspruch von allen Seiten gewöhnt, daher schrieb er belustigt über die Aussage des damaligen Papstes Julius II., der ihn als »Barbaren« bezeichnet hatte, an seine Tochter Margarete, die Statthalterin der Niederlande:

Morgen werde ich Matthäus Lang, den Bischof von Gurk, nach Rom senden, um mit dem Papst ein Abkommen zu treffen, damit er mich zum Koadjutor erwähle, auf daß ich nach seinem Tode sicher auf den päpstlichen Stuhl gelange, zum Priester geweiht und heiliggesprochen werden könne, damit Ihr dann nach meinem Tode mich als solchen verehren müßt, worauf ich mir nicht wenig einbilden werde [...] Euer guter Vater Maxi.

So wie vieles im Leben zerrann Maximilian auch dieser Plan, es war ihm aber vergönnt, 1515 – vier Jahre vor seinem Tod – noch eine Heirat zu arrangieren, die für die Zukunft des Hauses von allergrößter Bedeutung war. Er verheiratete seine Enkel Karl oder Ferdinand mit der ungarischen Prinzessin Anna und seine Enkelin Maria mit deren Bruder Ludwig, dem Erben Ungarns und Böhmens. Stellvertretend fungierte er sogar als Bräutigam, da weder Karl noch Ferdinand in Wien anwesend und zudem viel zu jung zum Heiraten waren. Erst im heiratsfähigen Alter sollte sich herausstellen, welcher der beiden die Prinzessin von Ungarn zum Altar führen sollte: Erzherzog Ferdinand.

Nach diesem glanzvollen europäischen Fest verschlechterte sich Maximilians Gesundheitszustand zusehends, obwohl er immer noch Turniere besuchte und als Kämpfer auftrat. Seine Vitalität rief bei den Zuschauern nach wie vor Bewunderung hervor. Als er aber im Herbst 1518 eine seiner Lieblingsstädte Augsburg verließ, wussten alle, dass sie den Kaiser zum letzten Mal gesehen hatten. Von Todesahnungen geplagt, verließ er die Stadt am Lech, um sich im kühlen Innsbruck zu erholen. Aber sein Schuldenberg war in Tirol schon so gewaltig, dass man in Innsbruck eilends die Tore versperrte, als der Kaiser seinen Besuch ankündigte. Es blieb ihm nichts anderes übrig, als eine andere Zufluchtsstätte zu suchen. Am Wolfgangsee erholte er sich ein letztes Mal und verblüffte seine Umgebung mit der Idee, am Falkenstein zu Ehren des Heiligen Wolfgang eine Kathedrale errichten lassen zu wollen. Dazu kam es freilich nicht mehr: Maximilian, einer der genialsten Habsburger auf dem Kaiserthron schloss am 12. Januar 1519 in Wels seine Augen für immer. Nach seinem Tode brach man dem Kaiser die Zähne heraus, schnitt sein Haar ab und geißelte den nackten Leichnam: So hatte es Maximilian verfügt, um noch Buße zu tun. Dann hüllte man den Körper in grobes Linnen und überführte ihn in seiner »Schatztruhe«, wie er seinen Sarg nannte, nach Wiener Neustadt, wo man ihn unter den Altarstufen der St. Georgskapelle beisetzte. Sein Herz aber wurde nach Brügge gebracht, um für immer neben der Frau zu ruhen, die er ein Leben lang geliebt hatte, neben Maria von Burgund.

Kaiser wider Willen
Leopold I.

Die Tragödie im österreichischen Kaiserhaus war groß, als der ältere Bruder Leopolds Ferdinand, der vom Vater als der Erstgeborene selbstverständlich als Nachfolger angesehen worden war, im Jahre 1654 an den Pocken starb. Denn auch Kaiser Ferdinand III. erkannte, dass sein zweitgeborener Sohn Leopold alles andere als zum Kaiser eines Reiches geeignet war, das noch an den Folgen des Dreißigjährigen Krieges schwer zu tragen hatte und das zudem von den Türken immer wieder heimgesucht wurde. In dieser wirren Zeit war ein starker Mann vonnöten und kein sensibler Musiker, der sich am liebsten in seine Räumlichkeiten zurückzog, um sich auf die Melodien zu konzentrieren, die ihn Tag und Nacht begleiteten. In seiner introvertierten, frommen Art wäre Leopold ein idealer Kirchenmann gewesen, der Gott und der Musik hätte dienen können.

Aber es war ihm nicht vergönnt, sich seinen Neigungen hinzugeben, die österreichischen Länder brauchten einen Herrscher und das Reich einen Kaiser, nachdem sein Vater im Jahre 1657 die Augen für immer geschlossen hatte. Dabei war Leopold nicht nur von seinen Interessen her ganz anders geartet, als man dies von einem Regenten erwarten konnte, er war zudem noch ein ungewöhnlich hässlicher junger Mann, den der türkische Gesandte folgendermaßen schilderte:

> *Er ist ein junger Mann von mittlerer Größe, ohne Kinnbart, mit schmalen Hüften, nicht gerade fett und beleibt ... Seine Lippen sind wulstig wie die eines Kamels. Immer wenn er spricht, trieft ihm Speichel aus dem Mund ... Die strahlend schönen Pagen, die ihm zur Seite stehen, wischen ihm mit riesigen roten Tüchern ständig den Geifer ab. Er selbst kämmt seine Locken und Kringel dauernd mit einem Kamm. Seine Finger sehen aus wie Gurken ...*

Dieses wenig attraktive Äußere des Prinzen lässt sich sicherlich auf die ununterbrochene Inzucht, die zwischen den spanischen und den österreichischen Habsburgern betrieben wurde, zurückführen. Denn nicht nur Cousinen und Cousins hatten in den letzten Jahrhunderten den Bund fürs Leben geschlossen, auch der Onkel hatte seine Nichte geheiratet, sodass sich klare verwandtschaftliche Linien kaum noch abzeichneten. Dazu kam, dass die Deformation des Mundes, die bei den Habsburgern schon vor den Zeiten Karls V. gegeben war, sich beinahe dominant fortsetzte, sodass auch Leopold I. seinen Mund nicht schließen konnte. Dass der Knabe wahrscheinlich von klein auf, wenn er sich im Spiegel betrachtete, erkennen musste, wie wenig attraktiv er eigentlich war, stärkte sein Selbstbewusstsein sicher nicht besonders. Daher begegnete er Frauen und Mädchen mit einer ungewöhnlichen Schüchternheit, ja er sprach in seiner Jugend jahrelang kein Wort mit einem weiblichen Wesen und vermied jeden Kontakt mit den Damen, die bei Hofe verkehrten. Als Grund für seine Ablehnung dem weiblichen Geschlecht gegenüber gab er an, dass er ja eigentlich den geistlichen Stand gewählt hätte und er daher zölibatär hätte leben sollen. In seiner Bigottheit meinte er, dass in jedem weiblichen Wesen der Teufel leibhaftig seinen Wohnsitz genommen habe und er daher unter allen Umständen vermeiden müsse, auch nur einen Blick auf ein Mädchen zu werfen. Nur mit seiner Stiefgroßmutter Eleonore sprach er ab und zu ein paar Worte, sonst existierten Frauen für ihn nicht, bis zu dem Zeitpunkt, als man ihm nahelegte, zu heiraten, um Erben zu zeugen.

Und da man sowohl zum französischen als auch zum englischen Hof nicht die besten Beziehungen pflegte, schaute man natürlich wieder nach Spanien, wo die reizende junge Prinzessin Margaretha gerade dabei war, aus den Kinderschuhen zu schlüpfen. Als die Werbung aus Wien am spanischen Hofe eintraf, hatte man dort zwar schon allerlei Gerüchte über das Aussehen Leopolds gehört, in Wirklichkeit konnte sich aber keiner vorstellen, wie unendlich hässlich der angepriesene Bräutigam wirklich war. Daher wurden die Ehekontrakte geschlossen, die Hochzeit *per procurationem,* so wie es üblich war, gefeiert und die junge Braut machte sich hoffnungsfroh auf den Weg nach Österreich, nachdem man ihr ein geschöntes Medaillon ihres Zukünftigen überreicht hatte.

Der Weg war weit und anstrengend für die kleine Prinzessin, die überall, wo sie Station auf ihrer Brautfahrt machte, die Herzen der Bevölkerung durch ihren Liebreiz gewann. Da eine Fahrt quer übers Meer zu gefahrvoll gewesen wäre, fuhr die Flotte mit der kostbaren Fracht die Mittelmeerküste entlang und ging, wenn sich eine geeignete Bucht fand, vor Anker. In Alassio, wo Margaretha eine Ruhepause einlegte, errichtete man dem hohen Gast eigens einen Triumphbogen, der noch heute zu besichtigen ist.

Leopold I.

Über die erste Begegnung zwischen Leopold I. und Margaretha schweigen die Chronisten, aber die junge Braut musste geradezu in Panik geraten, weil sie mit so einem Mann Tisch und Bett teilen sollte. Allerdings sah sie zunächst nur Äußerlichkeiten. Denn hinter der unschönen Fassade verbarg sich ein genialer Musiker und ein phantastischer Entfaltungskünstler. Alles, was Margaretha in ihrem kurzen Leben an der Seite Leopolds erleben sollte, war Show, Theater, Spektakel, obwohl der Kaiser weder über genügend Geld verfügte noch ruhigen Zeiten entgegensah. Die Türken standen in einigen Teilen des Reiches ständig vor der Tür und bedrohten die Steiermark und Niederösterreich. Und obwohl Leopold so hautnah am allgemeinen Ruin stand, ließ er es sich nicht nehmen, anlässlich seiner Hochzeit Festlichkeiten in Wien zu veranstalten, die selbst die Galaveranstaltungen eines Ludwig XIV. in den Schatten stellten. Ohne sich groß um seine politischen Aufgaben zu kümmern, führte der Kaiser seine berühmten Rossballette auf, die die Unsummen von 350 000 Gulden kosteten, die Leopold sich von den jüdischen Kreditgebern vorstrecken ließ. Der Kaiser nahm das Geld, war aber viel zu lethargisch, um den Juden, die in Wien auf einer Insel in der Leopoldstadt lebten, wirklichen Schutz angedeihen zu lassen. Als es zu Ausschreitungen aufgrund eines nichtigen Anlasses gekommen war, sah er ungerührt zu, wie man die Juden um ihr Eigentum und Leben brachte.

Der Kaiser war weder Politiker noch Kriegsheld, weder Finanzmann noch Wissenschaftler, er war Künstler. Und er zeigte dies seinen Untertanen auf Schritt und Tritt. Alles, was während seiner Regierungszeit an phantastischem Spektakel in Wien aufgeführt wurde, ging auf seine Initiative zurück. Er selber plante die Programme für die großartigen und wochenlang dauernden Aufführungen mit Tausenden Personen in der Hofburg, bei denen über einem künstlich aufgeworfenen Ätna farbenprächtige Raketen den Himmel bunt färbten, während auf einem künstlichen See Schiffe fuhren, die das Gefolge der Götter, die Elemente Luft, Feuer, Wasser und Erde trugen. Glitzernde Edelsteine, lodernde Fackeln, durchscheinendes Kristall erzeugten feenhafte Lichteffekte, wobei nicht Schauspieler die Elemente darstellten, sondern auf Geheiß des Kaisers dessen Kämmerer, die zu den vornehmsten Adeligen im Lande zählten. Leopold ließ es sich nicht nehmen, selbst die Hauptrolle zu spielen, über und über mit Diamanten geschmückt, stand er an der Spitze der Edlen und führte das Rossballett an, während eine riesige, glänzende Weltkugel über den Burghof rollte, die den Tempel der Unsterblichkeit enthielt, aus dem fünfzehn Habsburgerkaiser stiegen. Ein geschöntes Portrait des Kaisers in einer silbernen Muschel, neben dem eine kostbare Perle lag, deutete auf den Sinn der Veranstaltung hin: Leopold I. vermählte sich mit der prachtvollen spanischen »Perle«, die als heiteres junges Mädchen an den Wiener Hof gekommen war.

Waren die pompösen Feste auch ein ganz besonderes Anliegen des Kaisers, so galt seine eigentliche Liebe der Musik in jeder Form, wobei er sowohl als hervorragender Komponist als auch als ausführender Künstler, der verschiedene Instrumente meisterlich spielte, gefeiert wurde, sodass sein Kapellmeister eines Tages bewundernd ausrief, wie jammerschade es wäre, dass Majestät kein Musikus geworden sei. Worauf ihm Leopold in seiner stoischen Art antwortete: »Tut nichts, haben's halt so besser!« Was nicht in jeder Situation zutraf, obwohl der Kaiser sein Leben äußerst einseitig sah. Denn er stellte sich nicht den großen Problemen, in die seine Länder verwickelt wurden, er verließ sich in politischen Dingen auf seine manchmal fähigen, aber oftmals auch falschen Berater. Meist erweckte er den Anschein, als wäre es ihm leid um die Zeit, die er mit strategischen Überlegungen, mit Plänen gegen die Aggressionen seines Erzfeindes Ludwig XIV. vergeuden musste. Mochten sich andere die Köpfe zerbrechen, wie man den andauernden Türkeneinfällen wirklich begegnen sollte! Als Montecuccoli, sein bester Feldherr gegen die Türken, einen überraschenden Sieg in der Schlacht bei Sankt Gotthard gegen den Erzfeind der Christenheit errungen hatte, verabsäumte der Kaiser es durch seine Lethargie, den Türken wenigstens Siebenbürgen und Teile Ungarns wegzunehmen, ja im Gegenteil: Um des lieben Friedens willen verpflichtete er sich sogar noch dem türkischen Sultan gegenüber, ein jährliches Geschenk an die Hohe Pforte von 200 000 Gulden überbringen zu lassen. Als der Vertrag am 7. September 1664 unterschrieben war, zogen sich die ungarischen Adeligen voller Zorn über diese absurden Abmachungen zurück. Sie wussten, was in Zukunft auf sie zukommen würde, der Kaiser hätte es in der Hand gehabt, für Jahrzehnte Ruhe und Ordnung in seinen Ostgebieten zu schaffen.

Aber Leopold saß lieber hinter seinem Spinett, das überall dort zu finden sein musste, wo er sich gerade aufhielt. Voller Phantasie in die Tasten greifend, vergaß er alle politischen Probleme um sich herum, für viele Stunden durfte ihn niemand stören, jetzt war er nur Musiker, nur Künstler. Die Musik veränderte gleichsam seinen Charakter, der stets zurückhaltende Mann wurde plötzlich temperamentvoll, sodass es nicht nur einmal vorkam, dass der Kaiser von seiner Loge aus den Kirchengesang mit seinem Taktstock dirigierte. Musik konnte bei ihm Wunder wirken. So war es seiner zweiten Gemahlin Claudia, die aus Tirol stammte und die er noch im Todesjahr seiner ersten Gattin 1673 geheiratet hatte, möglich, ihm im Rahmen einer Aufführung der Oper »La lanterna di Diogenes« negative Dinge über das Leben bei Hofe zu berichten, was sie sonst nie gewagt hätte.

Nach dem frühen Tod Margarethas, die bei der Geburt eines Kindes gestorben war, hatte Leopold um die Hand der Tirolerin geworben, die wegen ihrer schönen Stimme und hohen Musikalität weit über die Grenzen des Landes berühmt gewesen war. Er hatte die reizende spanische Margaretha zwar unendlich geliebt, aber jetzt hatte Leopold eine Frau geheiratet, die mehrere Instrumente spielte und die vor allem seine Kompositionen würdigte und bewunderte, aber auch mit Kritik nicht sparte. Die Jahre an ihrer Seite waren für Leopold die fruchtbarsten, von den 79 kirchlichen und 155 weltlichen Werken entstanden viele zu Lebzeiten Claudias, wobei die Kaiserin die Kompositionen ihres Gemahls sicherlich auf ihren Instrumenten spielte und mit ihrer schönen Stimme dazu sang. Nicht nur der Kaiserhof war für sein Musikleben weit und breit bekannt, auch in der Stadt Wien erklang Musik an allen Ecken und Enden, wohin man auch kam, wurde gesungen und gespielt. Der Kaiser war ein echtes Vorbild für die Bevölkerung geworden, die auch die zahlreichen Tänze und Singspiele schätzte, die Leopold komponiert und inszeniert hatte. Wien war durch den »Zufallskaiser« zur Musikstadt geworden und sollte es für alle Zeiten bleiben!

Lange Jahre wurde Leopold I. nur an seinen nicht geglückten politischen Taten gemessen, man hatte über seinen Misserfolgen vergessen, welch genialer Musiker auf dem Kaiserthron saß: Ein Mann, dessen Musik nach Hunderten von Jahren eine Renaissance erlebt und den bedeutende Musikkenner auf eine Stufe mit Joseph Haydn stellen.

Für Leopold war es Schicksal gewesen, Kaiser zu sein. Für seine Untertanen war es ein Unglück, so einen Antiherrscher zu haben. Denn im Osten und im Westen drohte ununterbrochen Kriegsgefahr. Rebellionen in Ungarn machten den Anfang, wobei der französische König Ludwig XIV. überall und ununterbrochen seine Hände im Spiel hatte, wenn er auch die ungarische Junta, die sich aus unzufriedenen Revolutionären zusammensetzte, nur mit aufpeitschenden Worten gegen die Habsburgerherrschaft unterstützte.

Es war für die ungarischen Magnaten geradezu ein Schlag ins Gesicht gewesen, dass der Kaiser so ungeschickt einen Frieden wie den von Vasvár geschlossen hatte. Vor allem der Palatin von Ungarn Niklas Zrínyi und sein Bruder Peter waren über die Abmachungen Leopolds empört. Sie waren nicht gewillt, die Friedensbedingungen anzuerkennen. Niklas sollte nicht mehr in der Lage sein, die kleine Privatarmee, die er aufgestellt hatte, zu befehligen, er kam auf einer Wildschweinjagd ums Leben. Sein Erbe Peter aber schreckte nicht davor zurück, Raubzüge in türkisch besetztes Gebiet zu organisieren und andere mit der Ostpolitik der Habsburger Unzufriedene um sich zu scharen, sodass sich eine Front gegen den Kaiser gebildet hatte, die Leopold I. hätte gefährlich werden können.

Aber von den Magnaten und Kleinherrschern, die zwar das gleiche Ziel verfolgten, deren Mittel aber verschiedenartig waren, ging insofern keine Gefahr aus, da sie untereinander uneins und intrigant waren. Auf diese Weise erfuhr Leopold haarklein, was man gegen ihn in Ungarn und dem angrenzenden Kroatien plante und konnte sich darauf einstellen. Einer verriet den anderen um ein Butterbrot.

Die Lage für den Kaiser spitzte sich erst zu, als bekannt wurde, dass protestantische Prediger in Oberungarn verlauten ließen, dass es den Türken endlich gelungen wäre, die Venezianer aus Kreta zu vertreiben und daher die kretische Bevölkerung endlich von der papistischen Sklaverei befreit wären. So etwas grenzte beinah an Gotteslästerung! Der Kaiser wusste trotz seines politischen Desinteresses, dass hinter den hetzerischen Pamphleten, die überall in Ungarn kursierten, nur ein Zrínyi und sein guter Freund Frangipani stecken konnten. Um ein Zeichen zu setzen, verhängte Leopold auf alle Fälle über die beiden Aufrührer die Reichsacht. Außerdem wurde ein Kopfgeld auf sie ausgesetzt. Auf den Rat von Fürst Lobkowitz hin ließ der Kaiser Truppen aufstellen, wobei Männer aus allen Teilen des Reiches angeheuert wurden. Tatsächlich gelang es den Kaiserlichen, die Aufstände zu zerschlagen, nachdem die Ungarn vergeblich versucht hatten, den türkischen Sultan oder wenigstens seine Paschas in das Geschehen miteinzubeziehen. Auch der oberste ungarische Richter Franz Graf Nádasdy war mit von der Verschwörerpartie, er lieferte sämtliche Informationen an die europäischen Fürstenhöfe.

Eine Notenseite aus der Partitur »Miserere…« von Kaiser Leopold I.

Leopold I.

Es dauerte lange, bis sich Kaiser Leopold entschließen konnte, gegen diese unbotmäßigen Ungarn vorzugehen, noch dazu, wo er mit Graf Nádasdy beinahe befreundet war, was dieser natürlich reichlich ausnützte. Er lud Szryni und Nádasdy in einem freundlich gehaltenen Brief zu einer Aussprache nach Wien ein, wo sie sofort erkannten, dass ihre Lage aussichtslos geworden war. Sie hofften zwar immer noch, dass der Kaiser zu seinem Wort stehen und Milde walten lassen würde, der Prozess, der beiden gemacht wurde, verlief aber ganz anders, als sie geglaubt hatten. Die Anklage lautete auf Rebellion, Hochverrat und Majestätsbeleidigung. Nur der Tod konnte solche Verbrechen sühnen! Sie wurden im Keller des alten Rathauses enthauptet, genauso wie Frangipani, der ebenfalls des Hochverrates bezichtigt worden war.

Auch ein Steirer war bei den zum Tode Verurteilten: der Liebhaber von Zrínys Gemahlin, Hans von Tattenbach, der mit den Ungarn konspiriert hatte. Auch er wurde dem Henker übergeben, obwohl Leopold lange gezögert hatte, sein Todesurteil zu unterzeichnen. Aber in seiner gerechten Art meinte er, er könne keine Ausnahme machen zwischen seinen österreichischen und ungarischen Untertanen!

Das Strafgericht, das in Ungarn durch zwei Kommissionen folgte und bei dem mehrere tausend Ungarn um ihren Besitz gebracht wurden, wurde vor allem von einem Mann befürwortet, der in Wien Sitz und Stimme hatte: von dem ungarischen Kanzler Graf Pálffy. Er und der Erzbischof von Esztergom Szelepcsényi sahen jetzt die Chance gekommen, den Protestantismus ein für allemal aus Ungarn zu verbannen. Daher sollte in Ungarn genau das gleiche Regime eingeführt werden wie Jahrzehnte zuvor in Böhmen. Der Kaiser, der sich auf seine Ratgeber Lobkowitz, Hocher und Montecuccoli stützte, erkannte nicht, wie anders die Situation in Ungarn geartet war. Eine gravierende Beschneidung der alten Rechte in Ungarn musste zur hellen Empörung führen. Vor allem aber waren die per Dekret angekündigten Truppen, die überall stationiert wurden und für die die Ungarn noch die finanziellen Mittel zur Verfügung stellen sollten, geradezu ein Hohn!

So wenig sich sonst Leopold um politische Maßnahmen gekümmert hatte, so sehr überfielen ihn jetzt, da man gleichsam dabei war, den Ungarn die zuerkannten Verfassungsprivilegien abzuerkennen, die der Kaiser seinerzeit bei seiner Krönung per Eid garantiert hatte, Skrupel und Zweifel an der Richtigkeit und Rechtmäßigkeit seiner Maßnahmen. Er fiel in eine Phase des Grübelns, die monatelang dauerte und aus der er nur schwer herauskam. Heute beschloss er, die neuen Maßnahmen für gut zu befinden, um am nächsten Tag alles für null und nichtig zu erklären.

Um in Ungarn ein neues Verwaltungssystem einzuführen, errichtete man in Pressburg das sogenannte »Gubernium«, eine Zentralstelle, von der aus sämtliche Angelegenheiten geregelt werden sollten. Da aber die katholischen Berater, die den Kaiser umgaben, forderten, dass man dem Protestantismus endgültig den Garaus machen sollte, dass die Zeit reif wäre, die Andersgläubigen entweder zu vertreiben oder sie zum Konvertieren zu zwingen, starken Einfluss auf Leopold hatten, verbrachte man die nächsten Jahre damit, den Katholizismus mit völlig ungeeigneten Mitteln in Ungarn wieder einzuführen. Auf diese Weise hatte sich Leopold eine neue große Gruppe von Feinden gemacht, gegen deren Macht er vergeblich ankämpfte.

So wie bei vielen anderen Dingen im Leben musste Leopold schließlich erkennen, dass seine Ungarnpolitik in jeder Hinsicht gescheitert war. Er hatte aller Wahrscheinlichkeit nach die völlig falschen Berater gehabt. Auch sein Intimus Sinelli, dessen Urteil so lange für ihn maßgeblich gewesen war, hatte sich geirrt und den Kaiser auf die falsche Bahn gelenkt. Denn die vertriebenen und vielfach auch verfolgten Protestanten hatten nicht geruht, in ganz Europa Stimmung gegen ihn zu machen.

Es dauerte nicht lange, da gelang es dem aus bürgerlichen Kreisen stammenden Kanzler Johann Paul Hocher, der wichtigste Mann neben dem Kaiser zu werden, wodurch sich aber das andauernde Intrigenspiel nicht änderte. Nach wie vor traute einer dem anderen nicht über den Weg. Deshalb konnte es nicht ausbleiben, dass auch der langjährige Vertraute und Oberstellmeister Fürst Lobkowitz beim Kaiser in Ungnade fiel, dem man vorwarf, Montecuccolis Pläne an die Franzosen verraten zu haben. Nach dem Ausscheiden des starken Mannes berief Leopold nur noch Männer, von denen er wusste, dass sie keinerlei Ambitionen hatten, sodass die ganze Macht im Staat und auch im Reich in den Händen der österreichischen Kanzlei lag, an deren Spitze Hocher stand, gleichsam als eine Art Premierminister.

Für den französischen König Ludwig XIV. hätte die Politik im Habsburgerreich nicht besser laufen können. Er hatte längst die Schwäche des »Musikus« entdeckt, der nicht nur mit fortschreitenden Jahren immer depressiver wurde, sondern sich auch nach wie vor mit unfähigen Ministern umgab. Daher sah er sowohl seine Chancen auf das spanische Erbe wachsen als auch auf Holland und die Franche-Compté. Dabei scheute Ludwig nicht davor zurück, die übelsten Gerüchte ausstreuen zu lassen, die von den protestantischen Fürsten Deutschlands noch genährt wurden.

Zunächst waren die Interessen Ludwigs auf Spanien gerichtet, denn es war abzusehen, dass der einzig überlebende Sohn König Philipps, Karl II., über kurz oder lang im Wahnsinn kinderlos enden würde. Starke Anzeichen für diese Tatsache hatten sich längst bemerkbar gemacht. Und beide, Ludwig XIV. von Frankreich, aber auch Leopold I., waren mit spanischen Prinzessinnen verheiratet, wobei der französische König seinem Rivalen die ältere Tochter Philipps IV. Maria Theresia weggeschnappt hatte, die als Infantin von Spanien bei ihrer Eheschließung zunächst auf den spanischen Thron verzichtet hatte. Sie war an der Seite des ungewöhnlich sinnlichen und die sexuelle Abwechslung suchenden französischen Königs alles andere als glücklich geworden. Aber das interessierte ihren Gemahl herzlich wenig, wichtig war ihm nur, dass sie nach dem Tode Karls II. Thronansprüche geltend machen konnte. Natürlich ganz im Sinne Frankreichs.

Ludwig hatte die Konfrontation mit dem Habsburger gesucht, der in jeder Hinsicht die schlechteren Karten hatte. Was sollte einem Ludwig XIV. ein weltfremder Musiker anhaben können, der sein Privatleben zwar nach dem spanischen Hofzeremoniell zelebrierte, aber von Krieg, Kampf und politischer Intrige herzlich wenig verstand?

Das Privatleben Leopolds war natürlich auch an den anderen europäischen Höfen allseits bekannt. Denn nur bei den ausufernden Festivitäten zeigten sich die Majestäten dem Volke, sonst lebte man ganz im Stil der Vergangenheit. Die Eheleute nahmen getrennt die Mahlzeiten ein, deren Ablauf streng reglementiert war. Dass Schweigen die oberste Maxime war, schien niemandem verwunderlich, denn nur so wurde die göttliche Erhabenheit des Kaisers präsentiert. Für den introvertierten Leopold mag diese Form des Tagesablaufes ideal gewesen sein, wie aber seine Gemahlinnen diese Abgehobenheit von der Umgebung aufnahmen, ist nicht bekannt. Wahrscheinlich hatte die zweite Ehefrau Claudia Felicitas mit dieser Lebensform Probleme, nicht aber die dritte, die überfromme Eleonore von Pfalz-Neuburg. Sie war so bigott, dass sie sich Armbänder anlegte, die innen mit Stacheln besetzt waren, damit sie jede Stunde des Tages für die Sünden büßen konnte, die sie niemals begangen hatte. Sie war es auch, die für die Musik ihres Gemahls überhaupt nichts übrig hatte, im Gegenteil: Wenn sie nicht anders konnte und ihren Gemahl in die Oper begleiten musste, las sie Psalmen statt der Textbücher. Eigentlich hatte sie ins Kloster gehen wollen. Deshalb war sie über die Werbung des Kaisers so entsetzt, dass sie ihre Haut mit allen möglichen Mitteln bearbeitete, um so hässlich auszusehen, dass Leopold von seiner Idee Abstand nahm. Es half aber alles nichts: Obwohl Leopold fürs Kloster bestimmt gewesen war und Eleonore immer noch der kalten Zelle nachtrauerte, waren sie anscheinend doch den ehelichen Vergnügungen nicht ganz abgeneigt, denn immerhin setzten sie zehn Kinder in die Welt, von denen allein zwei auf den Kaiserthron kommen sollten.

Obwohl sich Leopold redlich bemühte, seinen Untertanen ein guter Kaiser zu sein, konnte er doch nicht verhindern, dass zwei Giftanschläge auf ihn ausgeführt wurden, einmal mit einer vergifteten Taubenpastete und das zweite Mal mit einer präparierten Wachskerze.

Glücklich war der introvertierte Kaiser eigentlich nur, wenn er sich mit seinen Lieben, zu denen an allererster Stelle seine Stiefgroßmutter Eleonora von Gonzaga und sein weitgereister Onkel Erzherzog Leopold Wilhelm gehörten, zurückziehen konnte, um mit ihnen gemeinsam Sonette zu improvisieren, wobei jeder die nächste Strophe dichten musste. Kunst war ein Leben lang das, was Leopold wirklich interessierte, wofür er lebte, obwohl ihm seine Regentschaft andere Bürden auferlegt hätte. Aber politisch versierte, mit allen Wassern gewaschene Herrscher gab es einige, echte Künstler allerdings konnte man mit der Lupe suchen.

Es war eine unendlich lange Regierungszeit, die Leopold beschieden war, in der er nicht in Frieden leben konnte, da es seinen bösen Nachbarn nicht gefiel. Ludwig XIV. verstrickte ihn immer wieder in kriegerische Aktionen. Auch die Friedensschlüsse von Nijmwegen und Rijswijk, aus denen der französische König als großer Sieger hervorging, waren noch nicht das Ende der Auseinandersetzungen. Denn Spanien stand in den nächsten Jahren als umkämpftes Ziel zwischen Ludwig XIV. und Leopold I. auf dem Programm, wenn Karl II. das Zeitliche segnete. Seltsamerweise tauchte noch ein dritter Anwärter auf den spanischen Thron auf, der kleine Sohn des Kurfürsten von Bayern, dessen Großmutter Maria Margareta gewesen war, die erste Gemahlin des Kaisers. Dieses Kind wurde auch von dem kranken spanischen König Karl II. favorisiert, der selber vergebens auf Kinder gehofft hatte. Es war in Spanien kein Geheimnis, dass Karl wahrscheinlich aufgrund seines syphilitischen Vaters nicht nur von unzähligen Krankheiten geplagt, sondern auch zeugungsunfähig war. Er wollte sich bei Lebzeiten einen Nachfolger sichern. Als man das bayerische Kind nach Spanien bringen wollte, starb der Prinz ganz plötzlich an den Pocken.

Am 1. November 1700 war es schließlich so weit: Karl II. schloss die Augen für immer. Sofort waren die besten Diplomaten beider Staaten zur Stelle, um bei der Testamentseröffnung anwesend zu sein.

Leopold I.

Es war für Österreich eine schreckliche Niederlage, als der Herzog von Abrantes in seiner zweideutigen Art den österreichischen Botschafter Graf Harras freudig umarmte, um ihm mitzuteilen, dass der Erbe Spaniens Frankreich heißen würde.

Obwohl Kaiser Leopold I. zutiefst enttäuscht war, gab er die Hoffnung nicht auf, doch noch für seinen jüngeren Sohn Karl in den Besitz Spaniens zu kommen. Ein Wettlauf um den Thron begann, denn auch Ludwig XIV. hatte sofort Philipp von Anjou nach Madrid gesandt und erklärt, dass es für Frankreich keine Pyrenäen mehr gäbe, da die spanische Angelegenheit zugunsten Frankreichs ausgefallen war. Wahrscheinlich wäre das Hickhack um den spanischen Thron, in den auch die anderen europäischen Mächte involviert waren, noch lange weitergegangen, wäre nicht Leopolds ältester Sohn Joseph, der 1690 zum deutschen König gekrönt worden war, völlig unerwartet gestorben. Auf diese Weise wäre Karl, der vom Vater als König von Spanien vorgesehen war, zugleich Kaiser in den österreichischen habsburgischen Gebieten gewesen, etwas, was man in Europa keinesfalls dulden konnte. Der lachende Erbe war Frankreich, Spanien war für die Habsburger endgültig verloren!

Während die Probleme im Reich und im Westen für Leopold I. nicht enden wollten, drohten im Osten noch weit größere Gefahren. Die Ungarn machten die Siege Prinz Eugens weitgehend zunichte, denn unter Franz II. Rakoczy revoltierten sie aufs Neue in einer Situation, die schon allein durch das ständige Vordringen der Türken mehr als gefährlich war. Ob Leopold in seiner manchmal weltvergessenen Art die Türken, denen er immer noch Tribut zahlte, unterschätzte oder einfach nicht wahr haben wollte, wie sehr das Bollwerk Wien gefährdet war, lässt sich kaum mehr beurteilen. Wie eine Lawine wälzte sich das türkische Heer unter Kara Mustafa weiter westwärts, unaufhaltsam, sengend, brennend, mordend und plündernd. Der Schrecken, den die Osmanen verbreiteten, versetzte die Bevölkerung im Raabtal, im heutigen Burgenland, und in Niederösterreich in Panik. Wer fliehen konnte, der floh. Augenzeugen berichteten noch lange nach ihrer Rückkehr in ihre Heimatdörfer Perchtoldsdorf und Heiligenkreuz von den unvorstellbaren Gräueln, denen die verbliebene Bevölkerung zum Opfer gefallen war. Tausende Gefangene wurden geköpft und erschlagen, das Blut floss in breiten Bächen durch die Straßen, Pardon wurde auch jenen nicht gewährt, denen Schonung versprochen worden war. So trug es sich in Perchtoldsdorf zu, dass der Pascha auf einem roten Teppich mitten im Ort saß und verlangte, dass ihm eine blonde Jungfrau die Kirchenschlüssel und das Lösegeld überreichen sollte. Man hatte die 17-jährige Tochter des Bürgermeisters dazu auserwählt, ein schönes junges Mädchen, das den Pascha milde stimmen sollte. Nichtsahnend verließ die Bevölkerung von Perchtoldsdorf ihre Verstecke, um der Übergabe des Geldes beizuwohnen. Kaum hatten die Türken die Männer und Frauen erblickt, als sie sich auf die Ahnungslosen stürzten und sie brutal niedermetzelten. Der Pascha aber fand den höchsten Genuss darin, das junge Mädchen eigenhändig umzubringen.

Natürlich bat Kaiser Leopold I. die europäischen Mächte um Hilfe, als er erkannte, dass er niemals in der Lage sein würde, Wien und die österreichischen Gebiete zu verteidigen. Aber es war schwierig, die einzelnen Fürsten davon zu überzeugen, dass rasche Hilfe nottat. Denn auf der einen Seite sagte man sich, so wie im neu entstandenen Königreich Preußen, dass für die türkischen

Leopold I.

Heere der Weg noch weit von Wien bis in den Norden Deutschlands sein würde und andererseits war man froh, wie der französische König, dass dem Habsburger in seinem eigenen Reich die Hände gebunden sein würden. Nur Karl von Lothringen und der König von Polen, Jan Sobieski, erkannten die Gefahr, die nicht nur auf die habsburgischen Gebiete beschränkt war, sondern für ganz Europa bestand. Beide stellten Heere auf, die gleichsam im letzten Moment der bedrängten Stadt zu Hilfe kamen. Der Kaiser allerdings verließ zusammen mit seiner hochschwangeren Frau, seinen Instrumenten und zahlreichem Gesinde Wien, obwohl er von den Bürgern flehentlich gebeten worden war, sie nicht im Stich zu lassen. Aber Leopold war alles andere als ein Kämpfer, er fühlte sich der Situation in keiner Weise gewachsen. Über Klosterneuburg floh er ins stark befestigte Passau, denn er argumentierte, dass ein Kaiser in Sicherheit mehr tun könne, als wenn er von den Türken massakriert werde.

Die Belagerung Wiens, die sich von Mitte August bis in den September 1683 hineinzog, war ein einschneidendes europäisches Ereignis, denn zunächst sah es so aus, als würde die Stadt nicht zu halten sein, da auch unzufriedene ungarische Magnaten die Türken unterstützten, ebenso wie der König von Siebenbürgen, der dem Großwesir den Gewandsaum küsste. Erst die Entsatzheere brachten echte Hilfe, sodass sich die Türken unverrichteter Dinge nach Ungarn zurückziehen mussten. Höchstwahrscheinlich wäre es eine Katastrophe für weite Teile Europas gewesen, hätten die muslimischen Osmanen die Stadt eingenommen, denn Wien galt als christliches Bollwerk im Osten.

Karl von Lothringen und Jan Sobieski wurden von den Wienern nach der Befreiung der Stadt begeistert gefeiert, während man auf den »Türkenpoldl«, der sich mit seiner Familie noch in Linz befand, vergeblich wartete. Erst geraume Zeit später hielt es der Kaiser für richtig, wieder nach Wien zurückzukehren, wo er dem Polenkönig vorwarf, ihm die Liebe seiner Wiener gestohlen zu haben. Er zeigte Jan Sobieski nicht nur die kalte Schulter bei einer Begegnung, er war auch nicht in der Lage, über seinen Schatten zu springen, um dem Sieger von Wien die Hand zu reichen. Auch den Sohn des Polenkönigs übersah er geflissentlich!

Karl V. von Lothringen zeigte sich nicht nur als äußerst fähiger Heerführer, der die abziehenden türkischen Truppen weit in den ungarischen Raum hinein verfolgte und sie schließlich 1687 an der Donaubrücke bei Mohács vernichtend schlug, sondern er war auch der Schwager des Kaisers, denn er hatte seinerzeit 1678 in der Georgskapelle in Wiener Neustadt die Schwester des Kaisers Eleonore Maria Josefa geheiratet. Es war dies eine der wenigen Liebesheiraten in der habsburgischen Geschichte, denn Eleonora liebte Karl von frühester Jugend an, wurde aber auf Veranlassung ihres Bruders zu einer Heirat mit König Michael I. von Polen gezwungen, der zu ihrem Glück schon nach einem Jahr das Zeitliche segnete. Jetzt war das Brautbett frei für ihre Jugendliebe Karl von Lothringen, denn sie weigerte sich hartnäckig, noch einmal auf Befehl Leopolds einen ungeliebten Mann zu nehmen. Der kaiserliche Bruder hatte ein Einsehen und gab der Schwester und dem nicht standesgemäßen Schwager die Ehre seiner Anwesenheit in der Burg von Wiener Neustadt.

Nach der Rettung Wiens durch den Polenkönig und den lothringischen Schwager erkannte Leopold, dass seine Schwester mit Karl V. die richtige Wahl getroffen hatte. Nach diesen aufregenden Monaten kam viel Arbeit auf

Leopold I.

den Kaiser zu, der eigentlich seine Ruhe haben wollte, um sich seinen Interessen widmen zu können. Denn immer noch galt der Musik sein Hauptaugenmerk, daneben setzte er alles daran, um Kunst und Wissenschaft zu fördern. Zu diesem Zweck gründete er die Universitäten von Innsbruck, Breslau und Olmütz und unterstützte die Künstler, wo er konnte. Hier war sein ureigenstes Betätigungsfeld, denn wenn er politische Beschlüsse fassen musste, äußerte er sich resignierend: »O Gott im Himmel, wie ich es hasse, Entscheidungen zu treffen!« Nichts charakterisiert das Desinteresse des Kaisers an der Politik mehr als dieser Seufzer. Viel lieber bemühte er sich persönlich um die Berufung eines Fischer von Erlach nach Wien, der den Leopoldinischen Trakt der Hofburg für ihn konzipierte.

Der Kaiser war von Kindheit an ein gläubiger Katholik, aber je älter er wurde, umso bigotter gab er sich. Seine besten Freunde kamen aus der Geistlichkeit, wobei Marco D'Aviano eine ganz besondere Stellung einnahm. Aber auch der bekannte Prediger Abraham a Santa Clara konnte mit seiner Erlaubnis die berühmten Hasspredigten halten, womit der Mönch die Wiener Bevölkerung durch seine scharf geschliffenen Wortspiele aufrütteln wollte. Dass er dabei den Bogen weit überspannte und seine Rhetorik vielfach Leid über die Menschen brachte, zeigten seine Predigten gegen die Juden. Die Folge war, dass Leopold die jüdische Bevölkerung von der Donauinsel, auf der sie lebte, vertreiben ließ.

Als Leopold nach der jahrzehntelangen ungewollten Regierungszeit sein Ende nahen fühlte, begann er seinen Tod zu zelebrieren. Wie in einer barocken Oper umstanden den Sterbenden nicht nur die Familie, sondern auch die Vertreter der hohen Geistlichkeit und seine höchsten politischen Berater waren zu dem Ereignis geladen worden. Leopold hatte sich zum Abschied von dieser Welt sphärenhafte Musik gewünscht, da er gleichsam in die Ewigkeit hinübergleiten wollte. Obwohl er schon beinah in Agonie verfallen war, war es ihm noch möglich, den zu diesem Zweck eingelernten Satz *Consummatum est – Es ist vollbracht* zu hauchen. Dann schloss er die Augen für immer.

Seinen Körper balsamierte man der habsburgischen Tradition gemäß ein, sein Herz wurde in der Herzgruft in der Augustinerkirche beigesetzt und die Eingeweide kamen in eine kupferne Urne, die ihren Platz im Stephansdom hatte.

Die Tage nach dem Tod des Kaisers waren für alle Lebenden geradezu makaber, denn alle Räume der Hofburg waren schwarz ausgeschlagen, schwarze Kerzen spendeten ein eher schauriges Licht im Rittersaal, wo der Leichnam des Kaisers in spanischer Tracht aufgebahrt worden war. Prozessionen von Mönchen zogen mit ihren Miserere-Gesängen durch die Gemächer, unterbrochen von den Totengesängen der Sängerknaben und den Melodien in Moll, die die Musiker der Hofkapelle anstimmten. Man gab nicht nur dem Kaiser, sondern auch einem genialen Musiker auf diese Weise die letzte Ehre. Er hatte sein Leben trotz aller Widerwärtigkeiten, denen er gezwungenermaßen ausgesetzt gewesen war, als große barocke Oper gelebt und war, als die letzten Töne verklangen, wie auf einer Bühne gestorben.

Reformerin aus Intuition
Maria Theresia

Wann sie Zeit gefunden hatte, ihr riesiges tägliches Arbeitsprogramm durchzuziehen, ist bis heute jedem, der sich mit dem Leben der großen Kaiserin beschäftigt, ein absolutes Rätsel. Betrachtet man ihre ununterbrochenen Aktivitäten, so käme man allzu leicht zu dem Schluss, dass der Tag für sie nicht nur 24 Stunden gehabt haben muss.

Als Tochter Kaiser Karls VI. und seiner schönen Gemahlin Elisabeth Christine am 13. Mai 1717 in der Hofburg geboren, verbrachte sie in Wien eine unbeschwerte Kinder- und Jugendzeit, da sie von ihrem Vater, der immer noch auf einen Sohn als Nachfolger hoffte, nicht zu politischen Aufgaben herangezogen wurde. Und das obwohl der Kaiser vorsichtshalber in der Pragmatischen Sanktion, deren Akzeptanz ihm viele Zugeständnisse an die europäischen Machthaber gekostet hatte, die politische Erbfolge in weiblicher Linie gesichert hatte. Karl VI. war noch ein rüstiger Mann, der viele Pläne verwirklichen wollte und keineswegs an den Tod dachte, als er im Oktober 1740 aus heiterem Himmel erkrankte und rettungslos verloren war.

Zurück blieb nicht nur eine trauernde Witwe, die von Karl geliebte »weiße Liesl«, die immer mehr dem Alkohol verfiel, sondern auch zwei Töchter, von denen die ältere, das »Reserl« hochschwanger war. Und weit und breit schien kein regierungsfähiger Thronfolger in Sicht! Maria

Theresia war gezwungen, ob sie wollte oder nicht, ob sie sich befähigt fühlte oder nicht, von einem Moment auf den anderen das Staatsschiff zu übernehmen, ohne Ahnung im Navigieren zu haben. Sie selber bemerkte verzweifelt, dass sie »in dem 22 Jahr meines Alters ohne mindester oder doch mit sehr geringen Kantnus meiner Länder, meiner Armee, ja sogar meines Ministerii« die Regierung habe übernehmen müssen, da es »meinem Herrn Vattern niemals gefällig ware, mich zur Erledigung weder der auswärtigen noch inneren Geschäfte beizuziehen noch zu informieren.« Dazu kam, dass auch die Männer, die Karl VI. als politische Berater am Hofe versammelt hatte, hochbetagt waren und somit sicherlich nicht den Vorstellungen Maria Theresias entsprachen. Graf Philipp Ludwig Sinzendorf, der Hofkanzler, blickte auf 69 Jahre zurück, von dem Karl von Lothringen, der Bruder von Franz Stephan behauptete, dass er eher alles verzögerte, als es voranzutreiben. Auch mit dem Hofkammerpräsidenten Graf Gundacker Thomas Starhemberg war kein Staat mehr zu machen, denn er war mit seinen 77 Jahren kein Mann mehr, der den Anforderungen der modernen Zeit gewachsen war. Nach Aussagen Karls von Lothringen hatte er ein Finanzchaos verschuldet, aus dem es schwierig war, zu entkommen. Für die junge Regentin war es beinah ein Glücksfall, dass ihr als neuer Staatssekretär ein dynamischer Mann empfohlen wurde, Johann Christoph von Bartenstein, der Chancen am kaiserlichen Hof dadurch bekam, dass er vom Protestantismus zum Katholizismus konvertierte. Obwohl Maria Theresia vielleicht aus diesem Grunde Bartenstein skeptisch gegenüber gestanden war, sah sie später ein, dass sie eine gute Wahl getroffen hatte und »daß ihme allein schuldig die Erhaltung dieser Monarchie. Ohne seiner wäre Alles zu Grund gegangen.«

Reformerin aus Intuition

Es war wohl eine Ausnahmesituation in der Geschichte, nicht nur, dass eine junge Frau plötzlich an der Spitze eines Vielvölkerstaates stand, sondern dass ein völlig unbedarfter Mensch sich in einer Welt von Feinden zurechtfinden musste. Denn kaum hatte Karl VI. die Augen für immer geschlossen, erinnerte man sich an den europäischen Höfen nicht mehr an die Abmachungen, die der Kaiser unter großen Schwierigkeiten zustande gebracht hatte. Der Wert des Papiers überstieg bei weitem den Wert des auf ihm Geschriebenen!

Wie eine Horde gieriger Wölfe lechzten die ausländischen Monarchen auf ein Stück österreichischen Gebietes, allen voran König Friedrich II. von Preußen, der ebenfalls im Jahre 1740 auf den Thron gekommen war. Ein Mann, der in der Zukunft nicht ruhen wollte, bis er schließlich die schlesischen Gebiete, die Österreich unterstanden und in denen nur deutschsprachige Bevölkerung lebte, seinem preußischen Staat einverleiben konnte. Er sollte in den nächsten Jahren und Jahrzehnten der von Maria Theresia abgrundtief gehasste Erzfeind werden. Ob sie von den Heiratsplänen zwischen ihr und Friedrich, die vom Prinzen Eugen, der auf den Herrscher größten Einfluss hatte, ventiliert worden waren, jemals erfuhr, ist nicht bekannt. Denn Gerüchten zufolge war Friedrich tatsächlich in die Kaiserstadt gekommen, um die junge Prinzessin inkognito in Augenschein zu nehmen. Und da Maria Theresia in ihrer Jugendzeit ein durchaus entzückendes, attraktives Mädchen mit ihrem schönen, blonden Haar und den strahlend blauen Augen war, hätte er sich schon eine Ehe mit ihr vorstellen können. Friedrich sicherlich, Maria Theresia aber nie! Denn das junge Mädchen wusste schon sehr früh, wem sie die Hand fürs Leben reichen wollte: ihrem lustigen Spielgefährten, den sie seit ihrem sechsten

Lebensjahr kannte, dem jungen Herzog von Lothringen Franz Stephan.

Er war, um seine Sitten zu verfeinern und den Duft der großen weiten Welt zu atmen, an den Kaiserhof nach Wien geschickt worden, wo er schon sehr bald der Liebling des Kaisers wurde, der in ihm einen Ersatzsohn sah und ihn daher immer mehr in seinen Bannkreis zog. Franz Stephan wurde des Kaisers unentbehrlicher Jagdgefährte, sodass die Bildung, die der junge Mann in Wien erwerben sollte, reichlich zu kurz kam. Obwohl er später als Gemahl der Erzherzogin und Königin von Ungarn und Böhmen sich als ungewöhnliches Finanzgenie entpuppte, war er ein Leben lang nicht in der Lage, einen korrekten Brief in einer einheitlichen Sprache zu schreiben, da er stets ein drolliges Kauderwelsch aus Deutsch, Französisch und Italienisch sprach. Auch nach der Kaiserkrönung in Frankfurt korrigierte Maria Theresia eigenhändig die Schreiben ihres hochlöblichen Gemahls.

Es war eine durchwegs glückliche Beziehung, die sich schon in sehr frühen Jahren zwischen den beiden jungen Leuten anbahnte. Trotz späterer Eskapaden vonseiten Franz Stephans liebte Maria Theresia ihr »Mäusl«, aus dem später ihr »Alter« wurde, mit allen Fasern ihres Wesens. Ob die Habsburger Prinzessin ebenfalls die große Liebe von Franz Stephan war, ist nirgendwo dokumentiert. Wahrscheinlich war er durch sein leichtes Blut zu tiefen Beziehungen gar nicht fähig, er vermied es daher tunlichst, die Eifersucht seiner Gemahlin herauszufordern und vergnügte sich, soweit es ging, im Geheimen, was ihm allerdings bei den Spitzeln, die seine Gemahlin auf ihn ansetzen ließ, keineswegs leicht fiel. Denn seine Abenteuer mit den meist dunkelhaarigen schönen Damen waren fast immer von kurzer Dauer, da selbst bei der größten Vorsicht überall Informanten postiert waren, die Maria Theresia alles, was selbst an abgelegenen Orten geschah, haarklein berichteten. Die Folge waren äußerst unerfreuliche Szenen in der kaiserlichen Wohnung, denn Maria Theresia war keineswegs die Frau, die die Seitensprünge ihres Mannes schweigend hinnahm. Ganz allmählich wurde daher aus der einst so lebenslustigen Kaiserin eine misstrauische Frau allen Damen gegenüber, vor allem wenn sie dunkelhaarig waren.

Was zunächst mit Eifersucht begonnen hatte, entwickelt sich bei Maria Theresia im Laufe der Zeit zu einem wahren Komplex, der in den Sittenkommissionen, die die Kaiserin ins Leben rief, ihren Ausdruck fand. Leichtlebige Frauen wurden nicht nur gezüchtigt, sondern aus Wien in die größte Einöde verbannt, wo die »Hübschlerinnen« natürlich gerne gesehen wurden. Schon bald vernahm man in Wien, dass es ausgerechnet in den neuen Siedlungsgebieten im Osten der Monarchie eine wahre Schönheitsgalerie gab, um die so mancher Ort am Ende der Welt von den Herren der Weltstadt beneidet wurde.

So sehr der Vater Maria Theresias Franz Stephan zugetan war, so wenig wünschte er sich den jungen Mann als Schwiegersohn, denn er konnte sich kaum vorstellen, dass der lothringische Prinz an der Seite seiner Tochter Maria Theresia in politischer Hinsicht zur Hand gehen würde. Dazu war Franz Stephan weder ernst genug, noch von großer Ausdauer.

Andere Prinzen, die um die Hand der reichsten Braut Europas warben, gab es genug, aber keiner fand in den Augen der Prinzessin Gnade. Ihr Herz gehörte nur einem, Franz Stephan, den sie mit allen Mitteln bei ihrem Vater durchsetzen wollte. Mit Beharrlichkeit, Klugheit und Charme verstand es die Tochter, den Vater um den Finger zu wickeln, sodass Karl VI. schließlich sein Einverständnis zu dieser Hochzeit gab, zu einer Verbindung, die zu den glücklichsten im Hause Habsburg führen sollte. Die Wiener freilich standen dem jungen Lothringer äußerst skeptisch gegenüber, vor allem, als Maria Theresia ein Mädchen nach dem anderen zur Welt brachte, obwohl man sich nichts sehnlicher als einen Erbprinzen wünschte. Aber auch dies schien Franz Stephan nicht zu gelingen! Dass er seine Gemahlin mit 16 Kindern beglücken würde, unter denen sich vier Söhne befanden, das konnte selbst der skeptische Wiener nicht ahnen!

Es ist heute noch erstaunlich, wie vehement Maria Theresia ihr Ziel, ihren »Mäusl« zu heiraten, verfolgte, denn ihre eigenen Kinder konnten gegen ihre Anordnungen Sturm laufen, wie sie wollten, sie gab um keinen Deut nach und arrangierte aus politischen Gründen Ehen, die für ihre Töchter von vornherein nur unglücklich enden konnten. Aber sie hatte sich im Laufe der Zeit, vielleicht durch den harten politischen Druck, dem sie jahrelang ausgesetzt war, aus einer Familienmutter zur Mutter des Staates gewandelt. Nicht die persönlichen Belange standen bei ihr im Vordergrund, das Wohl ihrer »Kinder« im Staat war für sie die entscheidende Maxime. Alles andere musste dafür zurückstehen, auch das Wohl ihrer eigenen Kinder. Nur einer einzigen Tochter war es erlaubt, den Mann ihrer Träume zu heiraten, ihrer Lieblingstochter Marie Christine, die wie sie auch am 13. Mai geboren war, gestattete sie, Albert von Sachsen zu ehelichen. Die anderen Töchter wurden in ganz Europa hin- und hergeschoben, sie waren wichtige Figuren auf dem Schachbrett der Macht.

Heute spricht man, wenn der Name Maria Theresia fällt, immer von der Kaiserin, obwohl sie selber nie in Frankfurt gekrönt worden war. Man hatte nach dem frühen Tod des Interim-Kaisers Karl VII. aus bayerischem Hause schließlich Franz Stephan von Lothringen zum Kaiser gewählt. Aus einem Fenster in Frankfurt sah Maria Theresia begeistert zu, wie ihr Gemahl nach altem Zeremoniell die Kaiserkrönung über sich ergehen ließ, die sie abgelehnt hatte. Denn man hatte ihr schließlich angetragen, sie gemeinsam mit Franz Stephan zu krönen, aber ihr genügte es, Erzherzogin von Österreich, gekrönte Königin von Böhmen und Ungarn zu sein, von den anderen Titeln, die sie trug, ganz abgesehen. Ihr »Mäusl« war Kaiser, er musste bei offiziellen Anlässen nicht mehr einige Schritte hinter ihr gehen, jetzt war er eigentlich in einer höheren Position als sie, was sich aber nirgendwo zeigte.

Franz Stephan blieb auch als Kaiser der, der er immer war. Der Mann im Hintergrund, der sich vor allem um die Finanzen in seinem Großherzogtum in der Toskana kümmerte, das er als Tausch gegen das Herzogtum Lothringen übertragen bekommen hatte. Frankreich war der Drahtzieher in diesem politischen Spiel. Ludwig XV. konnte keinen Mann an der Spitze des Herzogtums brauchen, der zugleich der Gemahl der mächtigen Habsburgerin war. Durch seine unwahrscheinlich geschickte Politik in Mittelitalien gelang es Franz Stephan, nicht nur die Finanzen in diesem Gebiet in Ordnung zu bringen, sondern auch die eigene Tasche prall zu füllen. Maria Theresia hätte sicherlich gut daran getan, sich in finanzieller Hinsicht von ihrem Gemahl beraten zu lassen und ihn als Kreditgeber zu engagieren. Aber sie verließ sich – vielleicht um des häuslichen Friedens willen –, lieber auf die Männer, die ihr im Laufe der Zeit zu unentbehrlichen Ratgebern geworden waren. Denn obwohl der Wille der Kaiserin Gesetz war, verstand es Maria Theresia in außerordentlicher Weise, Spezialisten an sich zu binden und ihre Ratschläge umzusetzen. Sie zog für jedes Gebiet, das sie reformieren wollte, Experten heran, diskutierte mit ihnen tage- und wochenlang, um Für und Wider abzuklären, erst dann ging sie daran, die veralteten Strukturen aufzubrechen. Denn seit dem Tode ihres Vaters wehte ein vollkommen neuer Geist in Europa, die Ideen der Aufklärung drangen auch in Österreich ein und es war an der Zeit, sich ihnen zu öffnen. Bei diesem Neubeginn kam der Herrscherin

Maria Theresia, Erzherzogin von Österreich, Königin von Böhmen und Ungarn, Gemahlin von Kaiser Franz I.

vielleicht die Spontaneität ihrer Jugend zugute, denn von allem Anfang an zeigte sie nicht nur eine besondere Redegabe, man könnte sagen »frisch von der Leber weg«, ohne Schnörkel und Umschreibungen, wie dies bis jetzt der Fall gewesen war, sondern ausgesprochen natürlich. Ihre Zeitgenossen bezeugen Maria Theresia »ein großes Urteilsvermögen«, sie beschäftige sich und arbeite den ganzen Tag »vom besten Willen der Welt beseelt – eine vollendete Fürstin«. Dabei spielte es für die meisten ihrer Untertanen schon bald keine Rolle mehr, dass sie von einer Frau beherrscht wurden, obzwar man ihr, vielleicht um sie zu verunglimpfen, »Männlichkeit der Seele« vorwarf. Oder war das ein Kompliment ...?

Auf alle Fälle war sie gezwungen, ihren Mann zu stehen, in der Welt der Feinde, die sie umgab und die sie kaum mit ihrer veralteten Armee in die Schranken weisen konnte. Auch die Männer an der Spitze des Heeres erwiesen sich als untauglich. Für Reformen, die dringend nötig waren, war der Zeitpunkt aber denkbar schlecht. Und wären nicht die Ungarn gewesen, die ihrer schönen Königin im letzten Moment zu Hilfe kamen, hätte Maria Theresia wohl kaum Chancen gehabt, das Chaos, das sie umgab, zu überstehen. Sie hatte den Ungarn gegenüber die rechten Worte gefunden, hatte auf den neugeborenen Thronfolger, auf den kleinen Joseph, der endlich in den Windeln lag, in mütterlicher Verzweiflung hingewiesen, sodass sich die ungarischen Magnaten als Kavaliere fühlten, die der bedrängten jungen Frau zu Hilfe kamen. Und vielfach sollte sich in der Zukunft dieses Konzept bewähren, denn die Kriegsschauplätze wechselten in den folgenden Jahren von Böhmen nach Bayern, von Italien in die Niederlande. Und überall waren Soldaten der Monarchie im Einsatz, schlecht ausgerüstet und miserabel besoldet.

Maria Theresia wusste schon sehr bald, was alles zu ändern wäre, wollte sie in der Zukunft einen lebensfähigen Staat regieren. Daher gab es für sie, auch noch wenige Tage bevor sie ihre Kinder zur Welt brachte, Arbeit von früh bis spät, sie kümmerte sich auch um die kleinsten Kleinigkeiten, die bis jetzt ein Herrscher niemals beachtet hatte. So hatte man ihr zwölf Tage vor der Geburt ihrer Tochter Maria Amalia berichtet, dass es im Februar 1746 in einer Wiener Garnison zu wenig Holz gäbe. Missbilligend schrieb sie an den Hofkammerpräsidenten: »Ist es möglich, daß eine Sache, deren Besorgung ich so lang positiv befohlen und die unter meinen Augen geschieht, nicht befolgt wird? Ich verlange also zu wissen, wer daran Schuld trägt und daß sogleich abgeholfen werde.«

Als sich die militärische Lage etwas beruhigt hatte, begann Maria Theresia sofort mit einer Heeresreform, wobei sie selber eingriff, wenn es um strategische Dinge ging. Ebenso traf sie Anordnungen, dass die Truppen schneller zu agieren hätten, außerdem änderte sie die Struktur des Heeres. Als Oberbefehlshaber in Italien ernannte sie Josef Wenzel Fürst von Liechtenstein, einen fähigen Mann, der eine neue Form der Artillerie aufbaute. Unter seinem Kommando kam es auch in Italien zu den ersten Siegen.

Die Kaiserin ahnte, dass ihre Politik der Erneuerung nur Chancen haben würde, wenn es zu einer Beruhigung in Europa käme. Daher war ihr die Annäherung an Russland äußerst willkommen, denn die Zarin Elisabeth bot die Hand zu einer Defensivallianz. Dabei hatte Maria Theresia immer noch den Erhalt Schlesiens im Auge, wenngleich die Realisierung sich mehr und mehr als Utopie erwies, obwohl auf den europäischen Kriegsschauplätzen eine gewisse Beruhigung durch die Friedensschlüsse zwischen Frankreich und

England eingetreten war. Jetzt war es der Kaiserin möglich, ihr ganzes Augenmerk auf die Innenpolitik zu werfen, durch deren Reformen sie wahrhaft Großes bewirkte. Durch Maria Theresia wurde in der Habsburgermonarchie eine neue Zeit eingeläutet, ohne dass Althergebrachtes von heute auf morgen in Vergessenheit geriet. Es lag vieles im Argen, denn ihrem Vater Karl VI. war das Nachfolgeproblem ein Hauptanliegen geworden, sodass er das meiste, um das er sich hätte kümmern müssen, beiseitegeschoben hatte. Das Ende des überschwänglichen Barockzeitalters war gekommen, aber die barocken Vorstellungen, die vor allem vom Adel kultiviert wurden, ließen sich nicht so schnell aus der Welt schaffen, um einem neuen Denken im Stile der Aufklärung Platz zu machen. Die Adeligen fühlten sich auf ihren Besitzungen als wahre Könige, die nicht daran dachten, ihren Leibeigenen eigene Rechte einzuräumen, ja, sie nicht einmal als Menschen anzusehen. Dabei war es in den oberen Schichten ein beliebtes Gesellschaftsspiel, sich als Bauer oder Bäuerin zu verkleiden, um dann in Gottes freier Natur alle Vorzüge des Landlebens genießen zu können. Es war beinah ein Hohn, wenn echte Landleute zur Belustigung der verkleideten auftraten, die freilich nur in Lumpen gehüllt, abgemagert und verschmutzt staunend die feinen Damen und Herren bewunderten.

Es war fast ein übermenschliches Unterfangen, diese Sozialstruktur in den habsburgischen Ländern ändern zu wollen. Der Adel und die Kirche pochten auf althergebrachte Privilegien, die Stände forderten nach wie vor ihr Recht, nur eine Art »goldener Mittelweg«, den Maria Theresia fand, konnte ein Pfad in die Zukunft sein. Ihre christliche Grundeinstellung half ihr bei ihrem Vorhaben, denn sie sah sich als Mutter ihrer Länder, die für das Wohl ihrer Untertanen verantwortlich war. Sie drückte das mit folgenden Worten aus: »Wir leben in dieser Welt, um unseren Mitmenschen Gutes zu tun, denn wir sind nicht für uns selbst da oder gar nur, um uns zu amüsieren.« Sie verstand sich durch die Gnade Gottes zur Herrscherin berufen, die den Auftrag des Himmels erfüllen musste. Im Gegensatz zu ihrem Kontrahenten Friedrich vom Preußen, der ganz im aufklärerischen Sinne seine Regierungsaufgabe durchzuführen suchte, wollte sie sich sowohl um das leibliche als auch um das seelische Wohl ihrer Untertanen kümmern. Dazu war es notwendig, in alle Dinge Einblick zu gewinnen und über alles, auch über die kleinsten Details, unterrichtet zu werden. So schilderte der preußische Gesandte Podewils bewundernd ihre Ambitionen:

Sie beschäftigt sich viel mit ihren Staatsangelegenheiten und bemüht sich, genaue Kenntnis von ihnen zu bekommen. Sie liest die meisten Berichte ihrer Gesandten an den fremden Höfen oder läßt sie sich vorlesen, prüft die Entwürfe der Schriftstücke von irgendwelcher Wichtigkeit, ehe man sie ins Reine schreibt, unterhält sich oft mit ihren Ministern oder wohnt den Konferenzen bei, die über Staatsgeschäfte von irgendwelcher Bedeutung abgehalten werden.

Die Folge ihrer Aktivitäten war ein 24-Stundentag für eine Frau, die 16 Kindern das Leben schenkte! Denn wenn auch die Politik für Maria Theresia schon sehr bald an erster Stelle ihres Denkens stand, so beschäftigte sie sich intensiv mit dem Wohl und Wehe ihrer Kinder, ließ sich von den einzelnen Ajos und Ajas genau schildern, welche Entwicklung ihre Söhne und Töchtern nahmen, lobte und tadelte die Kinder, empfahl den Erziehern manchmal drastische Strafmaßnahmen, die uns heute drakonisch anmuten. So gestattete sie dem Erzieher des Kronprinzen, seinen Zögling sogar körperlich zu züchtigen, denn bei Joseph zeigten sich schon als Kind Tendenzen, die den Vorstellungen seiner Mutter widersprachen. Daher war das Verhältnis von Mutter und Sohn leicht angespannt, vor allem, da Maria Theresia ahnen konnte, dass Joseph als ihr Nachfolger keineswegs den Weg in der Politik einschlagen würde, den sie für richtig hielt. Es war vor allem die beinah bigotte Frömmigkeit der Mutter, die auf die Kinder ermüdend und vielfach abstoßend gewirkt hatte, denn die Kaiserin verlangte von ihrer Umgebung absolute Frömmigkeit. Sie selber fand während ihrer Arbeitstage immer wieder Zeit, um mehrmals die Heilige Messe zu besuchen, danebenstanden Andachten, Bittgänge und Prozessionen auf ihrem Programm, die Fastenregeln wurden streng eingehalten, obwohl die Kaiserin, je älter sie wurde, eine begeisterte Esserin war. Aber die Regeln der Kirche waren für sie oberstes Gebot, das auch für ihre Kinder bindend war.

Maria Theresias Tag begann um halb sechs Uhr, nach der Frühmesse, anschließend begab sie sich nach einem kurzen Frühstück um halb acht Uhr an ihren Arbeitsplatz, wo sie Sommer und Winter bei offenem Fenster die Akten, auf die im Winter manchmal Schnee fiel, studierte, Gesandte empfing, Petitionen prüfte, ihren Ministern Vorschläge unterbreitete und Anordnungen in verschiedenen Sprachen gab. Denn in Ungarn war immer noch Latein die Amtssprache, sodass Maria Theresia neben Deutsch, Italienisch und Französisch auch das Lateinische beherrschen musste. Auch nachmittags war sie intensiv mit » expedirn, schreiben und audienzen« beschäftigt, wobei sie auch gerne ein Ohr für Klatsch und

Maria Theresia

Tratsch öffnete, sodass sie so manches Gerücht vernahm, das man vor der Kaiserin geheim halten wollte. Auf diese Weise blieb sie am Puls der Zeit und hatte Zugang zum Volk. Sie brachte vieles in Erfahrung, was niemand für möglich gehalten hatte.

Natürlich wäre es für Maria Theresia unmöglich gewesen, all das durchzuführen, was unter ihrer Herrschaft erneuert und reformiert wurde, ohne die entsprechenden Helfer und Experten, denen sie teilweise blind vertraute. Sie belohnte ihre Berater fürstlich. So auch den Präsidenten des »Directoriums in Publicis et Cameralibus«, der staatlichen Zentralbehörde, Graf Friedrich Wilhelm von Haugwitz. Sie ließ ihm ein Palais erbauen, denn ihrer Meinung nach hatte der Graf die Finanzen 1747 »aus der Confusion in eine Ordnung gebracht« und sie verdankte ihm und seinen Vorschlägen die »Vermehrung« ihres Staates. Haugwitz hatte der Kaiserin eindringlich vor Augen geführt, dass ein geordnetes Finanzwesen für ihre Reformpolitik eine Unabdingbarkeit war. Geld war vonnöten, aber die Frage nach dem Woher war ebenso kompliziert wie das Wieviel! Den Bauern konnte man nichts mehr nehmen, da sie ohnedies von den Grundherren geschröpft wurden, die einzelnen Kronländer waren längst verschuldet, allein das Land Kärnten wies einen Schuldenberg von 4 000 000 Gulden auf, denn die Stände waren nicht zimperlich, wenn es darum ging, selber Geld und Ländereien anzunehmen. Üble Misswirtschaft herrschte in allen Teilen der Monarchie, und diese galt es zu beseitigen. Der in Schlesien geborene Haugwitz war durch seine langjährige Erfahrung der richtige Mann, ein neues Steuersystem vorzuschlagen und es auch gegen die Widerstände des Adels und der Stände durchzusetzen, wobei er nicht davor zurück-

Reformerin aus Intuition

schreckte, dem Adel und auch der Kirche, die bis jetzt als privilegierte Stände Steuerfreiheit genossen hatten, empfindliche Abgaben vorzuschreiben. Dabei wurde das Finanzsystem zentralisiert, denn nur eine Verstaatlichung der Steuerverwaltung würde in der Zukunft Erfolg versprechend sein. Daneben wurden weitgehend Reformen in der inneren Struktur der Länder durchgeführt, die Länder wurden in Kreise eingeteilt, staatliche Landesbehörden sollten die Kontrolle über die Finanzen haben, allerdings wurden die Landtage nicht ersetzt, sondern in gewisser Hinsicht nur entmachtet. Haugwitz war innenpolitisch zum mächtigsten Mann aufgestiegen, der alle seine Pläne der Kaiserin vorlegte, um ihre Meinung zu hören und ihren Sanctus zu bekommen. Er war die Spitze des »Directoriums«, einer Zentralbehörde, die

Maria Theresia mit ihren Söhnen und Töchtern. Der Rat der Mutter musste bei allen Entscheidungen eingeholt werden.

den großen Überblick über die innenpolitischen Vorgänge in der Monarchie erhielt.

Die Kaiserin beließ es in ihren Reformplänen nicht bei halben Sachen. Sie forderte und setzte durch, was immer öfter den Unmut der Betroffenen hervorrief, das heißt, den Widerstand derjenigen, die zur Kassa gebeten wurden. Daher entstand schon sehr bald das Gerücht in Wien, Maria Theresia würde alles, was nicht niet- und nagelfest war, zu Geld machen. Ein Plakat, das anonym im Burghof angebracht war, gibt Auskunft über die Denkweise so manchen Untertans: »Dieses Schloß ist zu verkaufen, die Kaiserin wird mit 14 000 Gulden jährlich in Pension geschickt. Wegen näherer Auskünfte wende man sich an den Hausherrn Haugwitz.«

Die Summe von 14 000 Gulden kam deshalb zustande, da Haugwitz, der zum meistgehassten Mann von Wien geworden war, dieses Geld neben anderen großzügigen Zuwendungen jährlich vom kaiserlichen Hof bezog.

Hand in Hand mit der Besteuerung des Adels ging die Entlastung der Bauern. Mit Bewunderung wurde diese Reform in Europa registriert, auch Graf Podewils schrieb an seinen König in Berlin folgende Zeilen:

Selbst diejenigen, welche sich ihm [Haugwitz, Anm. d. Verf.] am meisten widersetzen, müssen einräumen, daß der Bauer weniger zahlen wird als in der Vergangenheit und daß er ruhiger seine Güter genießen wird, die früher eine Beute für die Habgier des Adels und ein Raub der Soldaten waren.

Sosehr sich die Kaiserin tagein, tagaus mit den politischen Problemen beschäftigen musste, so hatte sie doch in den Abendstunden Zeit für ihre umfangreiche, ständig wachsende Familie. Nach dem Souper traf man sich in den privaten Räumlichkeiten, die wie das berühmte Lackzimmer nach dem Geschmack Maria Theresias ausgestattet waren. Die Kaiserin liebte die fernöstlichen Möbel und Dessins ganz besonders, sie selber schrieb: »Ich mache mir aus nichts auf der Welt etwas, auch aus allen Diamanten nichts; nur was aus Indien kommt, besonders Lackarbeiten und auch Tapeten machen mir Freude.«

Bei diesen Familienabenden ging es leger zu, man plauderte, musizierte, spielte Theater und manchmal erfreuten die Mädchen die Eltern durch einstudierte Ballettstücke. Da Maria Theresia eine begeisterte Spielerin war, konnte es vorkommen, dass auch Glücksspiele einen kleinen Kreis unterhielten. Geld spielte dabei keine Rolle und so kamen manchmal hohe Summen zum Einsatz, wobei die Hofgesellschaft wusste, was für eine glückliche Hand die Kaiserin hatte. Denn eines Tages hatte sich Folgendes ereignet: Durch Zufall war es Maria Theresia zu Ohren gekommen, dass ein Hofbeamter, der versetzt worden war, für sein Haus in Penzing keinen Käufer fand. Sie ließ nach dem Preis fragen und erfuhr, dass es der Mann für 4500 Gulden verkaufen wollte. Die Kaiserin gab den Auftrag, Lose in der gleichen Anzahl herzustellen und veranstaltete eine Lotterie, wozu sie aus ihrem persönlichen Besitz noch eine Perlenschnur stiftete, sodass noch mehr Anreiz für die Hofgesellschaft entstand, mitzubieten. Maria Theresia setzte den Preis pro Los mit zwölf Dukaten fest, sie selber kaufte sechs Lose, ihr Gemahl 20. Niemand von den Mitspielern konnte sich erklären, dass ausgerechnet die Kaiserin mit ihren sechs Losen bei der Ziehung aus einer Porzellanvase zum Erstaunen aller das Haus gewann. Und da sie erfahren hatte, dass ihr Oberthofmeister Graf Khevenhüller das Haus, sollte er es gewinnen, seiner

Gemahlin vermachen wollte, schenkte die Kaiserin der Gräfin mit einer großzügigen Geste das Haus, mit dem sie nichts hätte anfangen können. Auch die Perlenschnur hätte ihre Besitzerin sicherlich nicht gewechselt, denn bei dem Würfelspiel, das um die Preziosen veranstaltet wurde, gewann die Kaiserin auch ihre eigenen Juwelen wieder. Im Auftrag Maria Theresias wurde allerdings ein zweites Mal gewürfelt, woran sie sich nicht mehr beteiligte, denn sie meinte, bei ihrem Spielglück »gewin' ich's euch ja doch wieder weg«.

Was nur wenige Eingeweihte wussten, war die Tatsache, dass die Kaiserin auch verbotene Spiele, wie Pharao, spielte. Ein Kartenspiel, bei dem Mozart viel Geld verlor, denn die Einsätze waren sehr hoch, sodass sich so mancher Höfling schon bald vom Spieltisch zurückzog, um nicht Haus und Hof zu verlieren. Es schien, als würde das Glücksspiel die ungewöhnlich strapazierte Frau ganz besonders entspannen, wobei es natürlich für sie leichter war, große Summen zu verschmerzen, die sie ohnedies beim nächsten Spiel wieder zurückgewann.

So sehr die Kaiserin in der wenig freien Zeit, die ihr blieb, das Spiel liebte, so wenig ließ sie sich auf politische Spiele ein. Die Realität war für sie das Maß aller Dinge, ihr konnte sie ins Auge sehen, sie konnte sie beherrschen. Ihre Reformen erstreckten sich daher nicht nur auf die innere Reform der Monarchie, wobei allerdings Ungarn die Neuerungen, die Haugwitz durchführen ließ, nicht akzeptierte, sondern auch auf die so notwendige Heeresreform. Denn Kriege hatte die Kaiserin an allen Ecken und Enden zu führen, die für sie Plünderung der Länder und Geldbörsen bedeuteten.

Das Heer war völlig veraltet, als Maria Theresia die Regierung übernahm, es bestand aus einem undisziplinierten Haufen, der kaum zu befehligen war. Die Kaiserin hatte sich selber ein Bild gemacht und festgestellt:

Wer wurde glauben, daß nicht das Mindeste eingeführet ware in Regul bei meinen Trouppen? Ein jeder machte ein anderes Manöver im Marche, in exercitio und in allem; einer schüssete geschwind, der andere langsam; die nämliche Wort und Befehle wurden bei einem also, bei dem anderen wiederum anders ausgedeutet.

Chaos war im Heer die Regel, sodass die Befehle der Generäle und Offiziere im Nichts verhallten. Mit derartigen Truppen war kein Sieg zu erringen, vor allem nicht gegen das hochgerüstete Preußen, dessen Heer schon der Vater von König Friedrich II., der berühmt berüchtigte Soldatenkönig, von Grund auf reformiert hatte.

Haugwitz war es auch, der Maria Theresia zu einer zentralistischen Militärverwaltung riet, wobei jedem Kronland ein fixes Kontingent von Soldaten vorgeschrieben wurde, das durch Konskription ausgehoben werden sollte. Es waren hauptsächlich Tagelöhner und Bauern, die von dem System betroffen waren, denn sie konnten sich nicht freikaufen wie Bürger und Beamte. Oberstes Ziel war für die Kaiserin neben einer gestärkten Schlagkraft auch die Disziplin im Heer, denn ein raubendes, sengendes und mordendes Kriegsvolk hatte nirgendwo Rückhalt, auch nicht im eigenen Land.

Auch bei der Wahl des neuen Feldmarschalls und Präsidenten des Hofkriegsrates hatte Maria Theresia eine glückliche Hand: Graf Leopold Joseph von Daun erwies sich als ungewöhnlicher Experte, der 1749 schon daran ging, das österreichische Heer von Grund auf zu erneuern.

Auch nach seiner Vorstellung war eine Zentralisierung für das Heer notwendig, die Dienstvorschriften, die er erließ, waren bindend für alle Truppenteile, eine einheitliche Uniformierung – sowohl was die Haartracht als auch die Bekleidung betraf – wurde vorgeschrieben. Täglich mussten die Soldaten exerzieren, wobei alle die gleichen Handgriffe an der Waffe zu üben hatten. Zur Freude der Kaiserin hatte man preußische Pappgrenadiere entworfen, auf die geschossen wurde, was sie anlässlich einer Inspektion der Truppen mit Genugtuung bemerkte. Denn ihr Erzfeind war nach wie vor der Mann, der in Sanssouci residierte! Die Kaiserin, der man den Ehrennamen *Mater castrorum* verlieh, führte den Titel nicht zu Unrecht, denn sie nahm ihre Aufgabe als Oberbefehlshaberin absolut ernst.

Da Maria Theresia schon bald erkannt hatte, dass in ihrem neuen Heer gut ausgebildete Offiziere fehlten, ließ sie die Werbetrommel für den Offiziersstand rühren, um ihn attraktiver zu gestalten. Um die Leute bestmöglich zu schulen, gründete sie 1751 die Militärakademie in Wiener Neustadt, eine »militärische Pflanzschule«, wie sie die Institution bezeichnete, in der auch Kinder mittelloser Offiziere aufgenommen und unterrichtet wurden. Ihnen winkte, bei entsprechender Qualifikation, sogar die Aufnahme in den Adelsstand, sodass mit der Zeit in Österreich eine Art Militäradel entstand, was natürlich die alteingesessenen Adelshäuser als Brüskierung betrachteten. Daher musste sich die Kaiserin auf unterschiedliche Meinungen zu ihrer Heeresreform gefasst machen, die von den Ungarn rundweg abgelehnt worden war. Die Magyaren waren zwar für eine gemeinsame Verteidigung, wollten aber unter keinen Umständen ein gemeinsames Heer, womöglich noch unter österreichischem Befehl.

Reformerin aus Intuition

Maria Theresia, die Mutter der Monarchie, war überall als ungewöhnlich starke Frau bekannt. Daher war es mehr als erstaunlich, dass sie ihren Töchtern immer wieder Ratschläge gab, wie sie sich als Frauen ihren Männern unterwerfen sollten. So schrieb sie an ihre Lieblingstochter Marie Christine:

... Sie wissen, daß wir Frauen unsern Männern unterworfen, daß wir ihnen Gehorsam schuldig sind, daß unser einziges Streben sein soll, dem Gemahl zu dienen, ihm nützlich zu sein, ihn zum Vater und besten Freund zu machen.

Mit mütterlicher Strenge suchte sie bei ihren Töchtern diese Vorstellungen verwirklicht zu sehen und ließ sich sowohl über Caroline, die ausgesprochen unglücklich in Neapel verheiratet war, als auch über ihre jüngste Tochter Marie Antoinette von Vertrauensleuten berichten, wie sie sich ihren seltsamen Ehemännern gegenüber verhielten.

Auch ihre Söhne, die späteren Kaiser Joseph und Leopold, hatten nach ihren Vorstellungen auf den Rat der Mutter zu hören, was natürlich für andersdenkende junge Menschen nicht gerade einfach war. Besonders Joseph revoltierte schon als Mitregent, der er seit dem frühen Tode seines Vaters im Jahre 1765 war, gegen die Anordnungen seiner Mutter. Dabei wandte sich Joseph II. vor allem gegen die Bigotterie, die seine Mutter ein Leben lang auszeichnete. Maria Theresia überspannte den Bogen der Religiosität bei weitem. Daher war es kein Wunder, dass Joseph, der so wie seine Geschwister tägliche Messen über sich ergehen lassen musste, einen Widerwillen gegen die Anordnungen der Kirche entwickelte. Die Aufhebung der »betenden Orden« sowie die Säkularisierung deren Klöster war beinah eine Trotzreaktion auf das Verhältnis seiner Mutter zur Kirche, wobei Maria Theresia sich nicht ausschließlich an das Diktat Roms hielt. Dort, wo sie anderer Meinung als der Papst war, neigte sie dazu, sich über die Vorschriften Roms hinwegzusetzen. Sie erließ ein Gesetz, dass junge Leute nicht vor ihrem 24. Lebensjahr das bindende Gelübde der Ehelosigkeit ablegen sollten, wenn sie die Absicht hatten oder von den Eltern gezwungen wurden, ins Kloster zu gehen. Außerdem stellte sie die üblichen Visiten der päpstlichen Legaten in ihren Ländern ein. Durch ihre vorsichtige Art fiel sie nicht in die Ungnade Roms, auch das gläubige Volk verstand ihre Verordnungen, denn man wusste, die Kaiserin war um das Wohl ihrer Untertanen oft mehr besorgt als um das Wohl der eigenen Familie, obwohl sie vor allem über den Gesundheitszustand ihrer Kinder aufmerksam wachte. Der Zahnpflege und Mundhygiene widmete sie sich besonders, sie hatte nämlich längst erkannt, wie wichtig gesunde Zähne für das allgemeine Wohlbefinden von Bedeutung waren. Die Kaiserin ließ sich von den Ajos und Ajas akribisch Bericht erstatten, denn Seuchen wie die Pocken verbreiteten sich rasch im Lande, wobei man gegen dieses Übel immer noch keine wirklichen Abwehrmaßnahmen gefunden hatte. Nur durch konsequente Hygiene versuchte man sich vor Ansteckung zu schützen. Auch in der kaiserlichen Familie hatten die schwarzen Blattern, wie man die Pocken auch bezeichnete, ihre Opfer gefunden.

Natürlich hatte die Kaiserin einen Leibarzt engagiert, der sie nicht nur im Sinne der Aufklärung beeinflusste, ohne dass Maria Theresia dies besonders auffiel, sondern sie auch medizinisch betreute und beriet: der Niederländer Gerard van Swieten. Mit ihm zog ein neuer Geist in der Hofburg ein, er war ein Mann, der allen Neuerungen und medizinischen Erkenntnissen aufgeschlossen war.

Als Katholik hatte er in den reformierten Niederlanden keine Chance gehabt, Karriere zu machen. Daher wandte er sich nach Österreich, wo er schon bald Maria Theresia empfohlen wurde. 1745 berief sie ihn als Leibarzt, der er am habsburgischen Hofe jahrzehntelang bleiben sollte. Freilich war er hier so manchem konservativ denkenden Höfling ein Dorn im Auge, wie dem Obersthofmarschall Khevenhüller, der mit den neuen Ideen, die van Swieten propagierte, absolut nichts anzufangen wusste und sich nicht erklären konnte, dass »dise libe und sonsten erleuchte Frau« sich von derartigen Männern beraten ließ, die den Staat nur in den Abgrund führen konnten.

Gottlob hörte die Kaiserin auf die Stimme der Vernunft und führte ihre Reformen behutsam durch. Vielleicht war dies auch der Grund, warum sich in der gesamten Monarchie nicht so große Unzufriedenheit breitmachte wie in Frankreich, wo die Gesellschaft in unterschiedliche Klassen geteilt war, die keinerlei Verbindung miteinander hatten. Der Aufschrei des Volkes in der Französischen Revolution war nur eine logische Folge der sozialen Spannungen, die sich jahrzehnte-, wenn nicht jahrhundertelang aufgebaut hatten. Wahrscheinlich waren es nicht Maria Theresias geniale Söhne Joseph II. und Leopold II., die eine derartige Eruption der Volkswut vermieden, wie sie in Frankreich stattfand, sondern die sanfte neue Entwicklung unter Maria Theresia, die den Frieden im Lande erhielt.

Natürlich vertrat Maria Theresia in einigen Dingen überkommene Anschauungen, die die Zeitgenossen nicht mehr verstehen konnten. Obwohl sie selber in ihrer Jugendzeit ein lebenslustiges Mädchen gewesen war, wurde sie, je älter sie wurde, zu einer ausgesprochenen Sittenwächterin, die keine Gnade kannte, wenn jemand das sechste Gebot, das Keuschheit verlangt, nicht beachtete. Dies war umso erstaunlicher, da man ihr in jungen Jahren sogar ein Techtelmechtel mit dem Grafen Silva-Tarouca nachgesagt hatte. Was aber wahrscheinlich eher im Bereich der Gerüchte anzusiedeln ist. Aber immerhin war sie keineswegs gefeit gegen einen kleinen Flirt gewesen, sodass man ihre Sittenstrenge in späterer Zeit kaum verstehen kann. Denn Ehebrecher schienen für sie gleichbedeutend mit Verbrechern zu sein, wobei sie den Männern noch mehr Gnade gewährte als den entsprechenden Damen. Dass gerade ein Casanova sich in Wien fehl am Platze fühlte, ist daher nicht verwunderlich. Er schrieb voll Bedauern diese Zeilen:

> *In Wien war alles schön. Viel Geld und viel Luxus. Aber infolge der Kaiserin war es außerordentlich schwer, sich Cytherens Freuden zu verschaffen, insbesondere für Fremde. Die Herrscherin besaß in Bezug auf die illegitime Liebe nicht die erhabene Tugend der Duldsamkeit; fromm bis zur Bigotterie glaubte sie sich ein großes Verdienst vor Gott zu erwerben, indem sie den natürlichsten Trieb beider Geschlechter auf das Kleinlichste verfolgte. Indem sie das Verzeichnis der Todsünden in ihre kaiserliche Hand nahm, glaubte sie über sechs von ihnen hinwegsehen zu dürfen, um nur die Wollust zu treffen, die ihr unverzeihlich schien.*

Obwohl die Kaiserin einer Schar von Kindern das Leben geschenkt hatte, schien sie keinerlei echte sexuelle Gefühle gekannt zu haben, wie aus einer Äußerung ihres Leibarztes van Swieten hervorging. Vielleicht war dies der Grund, dass sie der körperlichen Liebe, wenn sie außerhalb der engen Grenzen des Ehestandes stattfand, so abgeneigt war.

Es dauerte lange, bis Ehebrecherinnen und uneheliche Mütter nicht gnadenlos von ihr verfolgt, wobei anfangs die Unglücklichen sogar gefoltert wurden. Erst durch den Einfluss van Swietens und Josephs von Sonnenfels kam die Kaiserin zur Einsicht, die Tortur, und damit die Folter, abzuschaffen. Sonnenfels, der sich als Dichter einen Namen gemacht hatte, war aus Böhmen nach Wien gekommen und hatte sich als Kritiker der Hanswurstiaden, die in ihrer Derbheit und manchmal auch Brutalität die niederen Instinkte im Volk weckten, hervorgetan und war so der Kaiserin aufgefallen. Schon bald konnte er Maria Theresia zusammen mit den Lehrern der Kaiserkinder davon überzeugen, dass man das Bildungsniveau in der Monarchie dadurch heben könnte, indem man die Kinder pflichtmäßig in eine Schule schickte, damit sie lesen und schreiben lernen könnten.

Auch der Abt des Klosters Sargan in Schlesien, Johann Ignaz von Selbiger, unterstützte mit seinen Erkenntnissen die Forderung nach einer allgemeinen Schulpflicht, wie sie bereits im preußischen Königreich Friedrichs II. existierte. Selbiger war von Maria Theresia mit Genehmigung ihres Erzfeindes Friedrich aus dem preußisch besetzten ehemaligen Österreichisch-Schlesien geholt worden und wurde in Wien schon sehr bald zum Oberdirektor und Mitglied einer Studienhofkommission ernannt. Am 6. Dezember 1774 kam es dann zum Inkrafttreten des Schulkodex, der zu einem der bedeutendsten Nationalschulordnungen in Europa wurde. Es war eine Großleistung der Kaiserin, dass sie den Experten auf dem Bildungssektor Gehör schenkte, wodurch in den habsburgischen Ländern die allgemeine Schulpflicht eingeführt wurde.

Man könnte dieses Inkrafttreten des Schulkodex als Grundlage für die Entwicklung Österreichs in der Zukunft als weltweit anerkanntes Wissenschaftsland bezeichnen. Denn ab 1774 war es intelligenten Menschen möglich, sich das nötige Grundwissen aneignen zu können, um auf diesem basierend weiterzuforschen.

Vielleicht war es selbiger gewesen, der der Kaiserin die Situation in Preußen geschildert hatte, wo schon der Vater Friedrichs II., der Soldatenkönig Friedrich Wilhelm, die allgemeine Schulpflicht hatte einführen lassen. Vielleicht lag es auch im Sinne der Zeit, dass sich die Kaiserin zu diesem Schritt entschloss, auf alle Fälle war es eine ganz besondere Leistung in ihrem tatenreichen Leben!

Je älter die Kaiserin wurde, umso mehr hörte sie auf den Rat van Swietens, der sich nicht nur um das leibliche Wohl seiner Herrscherin kümmerte. Ihm war es zu verdanken, dass berühmte Kliniker und Botaniker nach Österreich berufen wurden, die die erste Wiener Medizinische Schule begründeten, die experimentell in Labors forschten, sodass es zu einer umfassenden Reform des Sanitätswesens kommen konnte. Freilich stand die Kaiserin manchen Plänen van Swietens skeptisch bis ablehnend gegenüber, vor allem wenn es sich um soziale Einrichtungen handelte, wie den Bau von Findelhäusern, da sie fürchtete, dass dadurch das unmoralische Treiben in Wien, das sie trotz aller Strenge nicht verhindern konnte, gefördert werden würde. Den Waisenhäusern, Altenheimen und Volksspitälern allerdings brachte sie mehr Sympathie entgegen, wobei man natürlich auch den Einfluss ihres Sohnes Joseph, der seit dem Tode des Vaters Mitregent und Kaiser war, nicht außer Acht lassen darf. Denn für den aufgeklärten Joseph II. waren auch »Narren«, wie man sie bezeichnete und als solche teilweise brutal verfolgte, Kranke im Geiste, die einen sicheren Platz und Pflege benötigten. Daher kam es unter Josephs Regierung nicht nur zur Errichtung des allgemeinen Krankenhauses, sondern auch zum Bau des »Narrenturms«, wie das Spital für Geisteskranke im Volksmund genannt wurde.

Sosehr sich van Swieten um das allgemeine Wohl sorgte, musste er dennoch mit anschauen, wie die Kaiserin sich selbst verbrauchte. Denn sie kompensierte wahrscheinlich den Tod ihres geliebten Franz Stephan und auch ihre übermenschliche Arbeit durch maßloses Essen. Aus der schönen, schlanken jungen Frau, die selbst auf einen Friedrich II. bezaubernd gewirkt hatte, war eine unansehnliche, unwahrscheinlich dicke Matrone geworden, die die Trauerkleidung nach 1765 nie mehr ablegte. Beinah alles, was ihr van Swieten anempfohl, wie auch die Reform der Universität, akzeptierte sie, nur nicht seine Essensvorschriften, die er ihr wohlmeinend unterbreitete. Sie fanden kein Gehör, dazu hatte sie die Schwelle zur körperlichen Fülle schon längst überschritten. Sie war so dick geworden, dass man einen eigenen Aufzug konstruieren musste, um sie in der Hofburg in höher gelegene Räume hieven zu können. Als van Swieten, der sich beinah schuldig an diesem körperlichen Zustand der Kaiserin fühlte, keinen anderen Rat mehr wusste, um Maria Theresia ihre Hemmungslosigkeit beim Essen vor Augen zu führen, ließ er sich anlässlich eines gemeinsamen Diners einen Kübel kommen, in den er so viele Brocken fallen ließ, wie sie die Kaiser mit Genuss aß. Erstaunt fragte ihn Maria Theresia, welche Absicht der Leibarzt mit diesem seltsamen Tun verfolgte. Van Swieten ließ die Kaiserin in den Kübel schauen und meinte: »Gerade so sieht es jetzt im Magen Ihrer Majestät aus!«

Geholfen hat diese drastische Anschauungsmethode allerdings auch nicht. Maria Theresia nahm auch die Unbilden, die mit dem hohen Körpergewicht einhergingen, ohne viel zu klagen, in Kauf. Sie machte sich sogar manchmal über ihre Unbeweglichkeit lustig. Als sie wie immer auch am 2. November 1780 die Kapuzinergruft besuchte, um bei ihrem Franzl zu sein, versagte die Maschine, die den Tragsessel wieder in die Höhe bringen sollte. Die Träger waren entsetzt, doch die Kaiserin meinte, dass die Gruft sie wohl nicht mehr herausgeben wolle. Es war für sie wie eine Todesahnung, die sie humorvoll hinnahm, denn nach vier Wochen starb Maria Theresia tatsächlich, nachdem sie alle Medizin, die man ihr einflößen wollte, verweigert hatte. Sie meinte ihrem Sohn Joseph gegenüber, der an ihrem Krankenbett wachte, sie wolle mit dem Tod nicht um einige Minuten feilschen. Als sie ihr Ende nahen fühlte, versuchte sie aufzustehen, was alle Anwesenden mit Erstaunen erfüllte. Ihr Sohn Joseph stützte sie, denn sie hatte den Wunsch, dem Tod entgegenzugehen. Als sie ein paar Schritte versucht hatte, fiel sie plötzlich in Josephs Arme, während sie ausrief: »Nun fort!«

Maria Theresia ist als große Frau in die Geschichte eingegangen, wobei man ihrer Genialität zu wenig Beachtung geschenkt hat. Man reduzierte ihre Taten auf ihre erfolglosen Kriege, die ihr aufgezwungen worden waren und bei denen sie von Anfang an auf verlorenem Posten stand. Andere wiederum sahen in ihr die besorgte Mutter ihrer 16 Kinder, die nicht immer zum Wohle ihrer Nachkommen handelte. Denn die europäische Politik, so fand sie, verlangte ihre Opfer, damit allmählich Frieden in den kriegsgebeutelten Ländern einziehen könnte. Daher verheiratete sie ihre Söhne und Töchter nach politischen Überlegungen, die sich oftmals, abgesehen von den unglücklichen persönlichen Schicksalen ihrer Kinder, als falsch herausstellten.

Durch ihre innenpolitischen Reformen, die sie zum Wohle der Monarchie durchführen ließ, verdient diese Frau mit Fug und Recht in eine Reihe mit den größten Staatsmännern der Geschichte gestellt zu werden. Von der Einführung der Straßenbeleuchtung in Wien bis zur Schulreform, von einer Bestattungsordnung bis zur Abschaffung der Folter: Breit gestreut und zukunftsorientiert waren ihre Maßnahmen, die sie in Zusammenarbeit mit den besten Fachleuten ihrer Zeit durchführen ließ. Mit eiserner Energie und einer unendlichen Arbeitskraft gelang es ihr, den Staat aus dem Barockzeitalter in eine moderne Zeit zu führen, sie baute ihrem Sohn Joseph die Grundlage für seine weiterreichenden Reformen. Eine wahrhaft geniale Habsburgerin!

Der beliebte Großherzog in der Toskana
Kaiser Leopold II.

Als Maria Theresia – keineswegs theatermäßig gekleidet – ins Hoftheater in der Burg stürzte und von der Loge aus lauthals den anwesenden Besuchern verkündete: »Der Poldl hat an Buam« brach heller Jubel aus. Denn alle wussten, wie sehr männliche Nachkommen in der Habsburgerfamilie erwünscht waren, hatte doch einst Karl VI., der Vater Maria Theresias, die umstrittene »Pragmatische Sanktion« erlassen müssen, um die Erbfolge seiner ältesten Tochter mangels eines männlichen Nachkommen vertraglich abzusichern. Freilich kam alles ganz anders als geplant, denn die Vertreter der europäischen Staaten unterschrieben zwar das Papier, das auch damals schon geduldig war, gehalten hat man sich an dieses Traktat aber nicht. Eine Tatsache, die schon der König von Preußen angekündigt hatte. Er hatte sich über die Garantie, die den Kaiser beruhigen sollte, geäußert: »Garantie hin, Garantie her, wird wohl sein Tage eine einzige gehalten? Eine Garantie ist ein Traktat, und heute wird kein Traktat mehr erfüllt.«

Und so geschah es schließlich auch! Daher war es schon für das junge Paar Maria Theresia und Franz Stephan von Lothringen wichtig, Söhne zu zeugen. Denn die ersten beiden Kinder waren Mädchen, nach denen allerdings Joseph in der Wiege lag, der in der Zukunft die Kaiserkrone tragen sollte. War Joseph später ein begabter Monarch, so sollte er von seinem Bruder Leopold, der am 5. Mai 1747 das Licht der Welt erblickte, noch übertroffen werden.

Leopold war niemals der Liebling Maria Theresias gewesen, obzwar er viele positive Charakterzüge von ihr geerbt hatte. Aber es war sicherlich schwierig, mit einer derart dominanten Mutter gütlich auszukommen, denn so lang die Monarchin den Söhnen und Töchtern in deren Jugendzeit vorschreiben konnte, was sie zu tun und lassen hatten, so lange gab es zwischen ihr und den Kindern keine größeren Kontroversen. Erst als Joseph und auch Leopold selber politische Aufgaben zu erfüllen hatten, machten sich die verschiedenen Lebensauffassungen gravierend bemerkbar.

Die Mutter konnte es natürlich nicht verkraften, dass ihre Söhne in jeder Hinsicht ein eigenständiges Leben führen wollten, das von dem ihren grundsätzlich abwich. So beklagte sich die Kaiserin in einem Schreiben an den von ihr seinerzeit eingesetzten Ajo-Stellvertreter Franz Graf Thurn bitter über das beharrliche Schweigen von Leopold, nachdem er vier Monate die Regierungsgeschäfte in der Toskana übernommen hatte.

> *Ich kann Euch mein Erstaunen nicht verhehlen, seit den vier Monaten Eures Aufenthalts in der Toskana nicht das Geringste von den dortigen Angelegenheiten gehört zu haben – es ist gerade so, als ob dieses Land in Amerika läge. Nicht als ob wir uns dort einmischen oder gar zu regieren gedächten, aber ich habe doch angenommen, daß mein Sohn uns etwa alle Monate einmal berichten würde, wie er das Land gefunden hat und was er zu unternehmen gedenkt – wir wissen mehr von Korsika als von Euch.*

Maria Theresia war in jeder Hinsicht eine überkritische Mutter, die die Untugenden ihrer vielen Kinder durch die entsprechenden Erzieher auszumerzen versuchte.

Schon sehr bald wurden die Söhne und Töchter einem Ajo oder einer Aja übergeben, die der Kaiserin täglich Bericht zu erstatten hatten. Als der Sohn Leopold geboren wurde, hatten schon sechs Geschwister das Licht der Welt erblickt: Maria Anna, Maria Christine, Joseph, Maria Elisabeth, Karl und Maria Amalia. Wie Maria Theresia das gewaltige Arbeitspensum in einem beinah ununterbrochenen Stadium der Schwangerschaft bewältigen konnte, war schon ihren Zeitgenossen ein Rätsel. Denn die Kaiserin erfüllte nicht nur ihre Aufgaben als Herrscherin, sie kümmerte sich um jedes Detail der Kindererziehung und schrieb sowohl den 16 Söhnen und Töchtern ausführliche Briefe, die ihre Wünsche und Tadel enthielten, sie instruierte auch die Ajos und Ajas in langen Schreiben, wie sie für das Wohl ihrer Schützlinge zu sorgen hätten. Hätte sie nicht ihre Kinder den politischen Interessen geopfert, um den Frieden in Europa zu sichern, so wäre sie sicherlich als wahre Übermutter in die Geschichte eingegangen. Aber ihre politischen Ambitionen überstrahlten alles, auch das Lebensglück ihrer Kinder! Für sie selber, die seinerzeit bei ihrem Vater Kaiser Karl VI. durchgesetzt hatte, dass sie den Mann ihrer Träume, den lothringischen Prinzen Franz Stephan heiraten durfte, existierten private Wünsche überhaupt nicht. Denn Karl VI. hatte eigentlich ganz andere Pläne mit seiner ältesten Tochter gehabt, die einmal – so war es fast abzusehen – seine Nachfolge antreten sollte. Aber Maria Theresia hatte einen starken Willen, sie wollte Franz Stephan und sonst keinen! Und da der lustige junge Mann dem Vater auch sympathisch und ein idealer Jagdgefährte war, gab Karl VI. schließlich seinen väterlichen Segen zu einer der glücklichsten Verbindungen im Hause Habsburg. Franz Stephan nahm es allerdings in den kommenden Jahren mit der ehelichen Treue nicht so genau, sodass Maria Theresia, eifersüchtig wie sie war, immer sittenstrenger wurde. Sie liebte ihren Mann bis zu dessen überraschend frühen Tod über alle Maßen, obwohl sie niemals, so berichtete jedenfalls ihr Leibarzt van Swieten, dem sie sich anvertraut hatte, in den Armen von Franz Stephan echte Befriedigung erfahren hatte. Aber trotz dieser für eine Frau bedauerlichen Tatsache äußerte sie sich ihrem Sohne Leopold gegenüber mit innigen Worten über ihre Ehe mit Franz Stephan:

Da ich seit 42 Jahren erzogen wurde und zärtlich vereinigt war mit meinem Gemahl, habe ich allen Widerwärtigkeiten meines unglücklichen Lebens keinen anderen Trost und Halt gehabt, als in dieser reinen und ruhigen Liebe und in dieser vollkommenen Vereinigung ...

Für die Geburt ihres Sohnes Leopold war wie immer, wenn Maria Theresia ein Kind erwartete, alles peinlich genau für die Geburt vorbereitet worden. Obersthofmeister Khevenhüller berichtete über das bevorstehende Ereignis im Mai 1747:

Den 4. [Mai 1747, Anm. d. Verf.] gegen Abend empfanden I. M. die Kaiserin einige Vorbotten herannahender Entbindung, weßwegen ich bei denen Cammerleuthen den Befehl hinterlassen, daß bei zunehmenden Schmerzen mann mich sogleich aufwecken solte, so dann auch bald nach 2 Uhr in der Nacht geschahe ...

Natürlich zog sich die Geburt noch Stunden dahin, aber um Viertel nach zehn Uhr tat dann der dritte Sohn des Kaiserpaares seinen ersten Schrei. Noch am gleichen Abend fand die Taufe statt, das Kind erhielt die Namen Petrus Leopoldus Josephus Johannes Antonius Joachim Pius Gotthardus. Man hatte der russischen Zarin zu Ehren dem Knaben den Namen Petrus gegeben, denn gute Beziehungen mit Russland waren für das politische Konzept Maria Theresias von großer Bedeutung. Und die Erinnerung an den weitblickenden Zaren Peter den Großen waren immer noch allgegenwärtig. Dass das Kind, das in der Wiege schrie, vielleicht tatsächlich in seinem Regierungskonzept in der Toskana und seiner Reformfreudigkeit große Ähnlichkeiten mit dem russischen Zaren haben würde, konnte damals niemand ahnen.

So wie bei allen anderen Kindern kümmerte sich Maria Theresia peinlich genau um den Werdegang von Leopold, der in der Familie immer nur der »Poldl« war. Dabei fiel es der Mutter anscheinend nicht auf, dass innerhalb der Geschwisterschar keineswegs immer nur eitel Freude und Sonnenschein herrschten. Denn die Buben und Mädchen buhlten, jedes auf seine Art, um die Gunst der Mutter, wobei Marie Christine in jeder Hinsicht von Maria Theresia bevorzugt wurde. Dass dies bei den Geschwistern zu Eifersüchteleien führen musste, die manchmal sogar in Bösartigkeiten ausuferten, darüber machte sich Maria Theresia anscheinend wenig Gedanken. Oder es interessierte sie ganz einfach nicht. Vor allem der spätere Kaiser Joseph konnte die Hintansetzung gegenüber der Schwester in keiner Weise vertragen, scharfzüngig verbreitete er in seiner Ironie die seltsamsten Gerüchte und brachte so die Geschwisterschar durcheinander. Eigentlich wusste keiner so genau, wie er sich verhalten sollte, obwohl jeden

Abend die Familie in trauter Weise vereint war, denn die Eltern legten größten Wert darauf, dass die Kinder mit ihnen spielten und fröhlich waren, wobei stets aufs Neue Abwechslungen geboten wurden. Mummereien wechselten mit Tanz und Theaterspielen ab, der Fantasie der Kinder waren keine Grenzen gesetzt. Dabei war es erstaunlich, dass gerade die Kaiserin, die wenig für Musik übrig gehabt hatte, Leopold zwang, Violine zu spielen, obwohl er das Clavichord bevorzugt hätte. Zwar entsprach es der Sitte der Zeit, dass »Kompositeure« von der kaiserlichen Familie empfangen wurden – das Wunderkind Mozart durfte sogar auf dem Schoss Maria Theresias sitzen –, aber später verhielt sie sich diesem Genie gegenüber geradezu unverständlich abweisend. Aus einem Brief an ihren Sohn Ferdinand aus dem Jahre 1771 ging dies klar hervor. Die Kaiserin schrieb:

> *Sie bitten mich, den jungen Salzburger in Ihre Dienste zu nehmen. Ich wüßte nicht warum und glaube nicht, daß Sie einen Komponisten oder solche unnützen Leute brauchen. Wenn es Ihnen natürlich Vergnügen machen würde, will ich dies nicht verhindern. Ich meine nur, Sie sollten sich nicht mit solchen unnützen Leuten belasten und vergeben Sie nur keine Titel an diese Art Leute, wenn Sie in Ihren Diensten stehen. Es mindert die Dienstleistung, daß diese Leute in der Welt herumschwärmen wie Bettler; außerdem hat er eine große Familie.*

Nach außen hin schien es in der ersten Familie des großen Habsburgerreiches kaum Probleme zu geben, man lebte in bescheidenem Luxus, traf einander schon am frühen Morgen zur obligaten Messe, um später seinen Pflichten nachzugehen. Kam dann der Abend, war die Kinderschar um die Eltern versammelt, die sich, wenn es möglich war, diese Zeit für ein gemeinsames Beisammensein freihielten. Nichts erinnerte mehr an die Steifheit des spanischen Hofzeremoniells, gegen das sich vor allem Franz Stephan von Anfang an vehement gewehrt hatte. Demonstrativ setzte er ein äußeres Zeichen, indem er bei offiziellen Auftritten die Uniform anstelle des spanischen Mantels bevorzugte. Der umgängliche Mann war viel zu leger, als dass er sich in enge Vorschriften hätte zwängen lassen. Auch seine alles bestimmende Gemahlin musste dies nach heftigen Diskussionen einsehen. Zwar entwickelte Maria Theresia schon in ihrer Kindheit ein volkstümliches Wesen und wurde von den Wienern als reizende Prinzessin umjubelt, aber bestimmte traditionelle Verhaltensweisen forderte sie auch von ihrer Familie, die sie genau kontrollierte.

Die Mutter hatte für den dritten Sohn Leopold Graf von Künigl als Ajo bestimmt, einen Mann, der in seiner zurückhaltenden Art niemals das Herz seines Zöglings erobern konnte. Als Maria Theresia aus vielen Bemerkungen erkannte, dass dieser Graf vielleicht doch nicht mit dem eher schwierigen Leopold zurechtkam, ernannte sie Franz Graf Thurn zum Vize-Ajo und schrieb ihm nach seiner Ernennung einen ausführlichen Brief, wie sie sich die Erfüllung seiner Aufgaben vorstellte. Franz Graf Thurn und sein Bruder Anton wurden schon sehr bald die Bezugspersonen für Leopold. Der junge Mann brachte ihnen ungewöhnlich viel Sympathie entgegen und es ist wahrscheinlich ihnen zuzuschreiben, dass die geistigen und sozialen Fähigkeiten, die in dem Kind angelegt waren, auch zum Durchbruch kommen konnten. Die beiden Grafen bedeuteten Lebensfreunde für Leopold!

Kaiser Leopold II.

Nach einer ungewöhnlich harten Rüge durch seine Mutter schrieb Leopold in einem vertraulichen Brief an Franz Graf Thurn:

Erstens hat der Graf Künigl Ihrer Majestät von allen meinen Leiden erzählt; sie beklagt sich über den Mangel an Aufrichtigkeit, ihr nicht meine Unpäßlichkeiten gestanden zu haben ...
Sie versteht gar nicht, was die Betrübnisse sein können, über die ich mich ständig beklage, da ich doch keinen Grund dazu habe.
Daß ich Launen habe, sie meinen Dienern gegenüber zeige und mit ihnen zu vertraulich umgehe.
Daß sie die Einzelheiten der Geschichte mit dem König [Joseph, ältester Bruder Leopolds, Anm. d. Verf.] wissen will, wo ich ihn am Arm gepackt habe und die ich Ihnen erzählt habe.
Daß sie so viele Klatschereien in der Familie findet, daß sie glaubt, ich hätte damit zu tun.
Daß ich mich in der Stadt häufig mit dem König in den Wandelgängen herumgetrieben habe.
Daß sie fürchtete, der König könnte mir die Ehe verekeln.
Das Äußere.
Daß sie weiß, ich hätte mich gerühmt, schließlich in meinen häuslichen Anordnungen alles nach meinem Willen eingerichtet zu haben.
Schließlich hat sie ihm von Mademoiselle Erdödy gesprochen; über diesen letzten Punkt hat sie Ihr Bruder sehr beschwichtigt, beruhigt zu sein und mir überhaupt nichts davon zu sagen.

Die Jugendzeit Leopolds gestaltete sich insofern schwierig, als die Mutter von vielen schlechten Eigenschaften ihres Sohnes überzeugt war. Der zurückhaltende Knabe wurde immer wieder aufs Neue von seinem zum Zynismus neigenden Bruder gehänselt, wobei Joseph gnadenlos die Schwächen Leopolds ausnützte. Vielleicht war dies der Grund, warum der Kaisersohn Nägel biss, unvermutet wild um sich spuckte, sich in vulgärstem Ton mit ordinären Worten auszudrücken versuchte und mit den Dienern in einer amikalen Weise verkehrte, die den Vorstellungen von einem Kaisersohn keineswegs entsprachen.

Am meisten bemängelte die unnachsichtige Mutter die fehlende Aufrichtigkeit ihres Sohnes, sie bezeichnete ihn als tückisch und listig und befahl seinen Erziehern, diesen Charaktermangel bei Leopold zu beseitigen. Dabei verwechselte sie vielleicht Schüchternheit und Zurückhaltung mit List und Tücke. Denn Leopold äußerte sich in einem Brief einmal dahingehend, dass er sich bemüht hätte, viel offener zu sein, dies aber zu seinem Nachteil ausgelegt wurde und er daher wieder sein verschlossenes Gesicht aufsetzen wollte.

Auch Leopold konnte sich trotz seines weiten geistigen Horizonts nicht aus dem Dunstkreis der Mutter befreien. Maria Theresia schien immer und überall präsent zu sein, in der fernen Toskana genauso wie in Neapel oder in Paris. Durch ihre seitenlangen Briefe, die genaue Instruktionen enthielten, wurden die Söhne und Töchter angehalten, sich ganz nach ihren Vorschriften zu verhalten. Es grenzt fast an ein Wunder, dass der junge Leopold, der mit 18 Jahren die Nachfolge seines Vaters als Großherzog der Toskana antrat, schon sehr bald seiner Mutter zeigte, dass er eigentlich andere Vorstellungen für sein Regierungskonzept hatte. Dabei hatte er ihr gegenüber wahrscheinlich stets ein schlechtes Gewissen als Nägelbeißer, denn er versicherte in einem Brief, dass »sie [seine Nägel, Anm. d. V.] sich meist in gutem Zustand befinden und nicht benagt, außer wenn ich etwas habe, was mich kränkt, wenn ich zerstreut bin oder schlechter Laune, dann leiden die Finger darunter, aber niemals die Fingernägel ...«

Wahrscheinlich hatte ein Schreiben der Mutter im Herbst 1766 bei Leopold nicht geringe Aufregung erzeugt, denn die Kaiserin forderte ihn auf, nach Siena zu fahren und nach dem Rechten zu sehen. Er aber hatte eine andere Reiseroute geplant, was der Mutter großes Missfallen bereitete. Der 23-jährige Großherzog antwortete ihr ungewöhnlich scharf und eindeutig:

> *Was nun Ihre Bemerkung über die Senesen betrifft, wo Sie mir sagen, daß ich besser daran getan hätte, dorthin zu gehen, so habe ich es deshalb nicht gemacht, weil ich zugleich die Maremmen besichtigen möchte, wozu nicht alle Jahreszeiten gleich geeignet sind; und da die erste Reise, die ich dorthin unternehme, eine offizielle Reise sein wird, habe ich sie verschoben, um nicht ohne meine Gemahlin hinzureisen ... Im übrigen glaube ich nicht, daß die Senesen, während ich für ihr Wohl arbeite, sich mit Grund über mich beklagen dürfen; und was Ihre Bemerkung betrifft, daß sie mehr als die anderen meinen Schutz verdienen, so kann ich Ihnen nicht verhehlen, daß ich, darin einem guten Familienvater gleich, alle meine Untertanen in gleicher Weise wie meine Kinder liebe und ihnen den gleichen Schutz angedeihen lasse, wobei ich aber trotzdem sehr gut ihre verschiedenen Charaktere, ihre Vorzüge, Talent und Fehler kenne ...*

Die Kaiserin musste klar erkennen, dass der eigensinnige »Poldl« erwachsen geworden und auf dem besten Wege war, ein großer Herrscher zu werden.

Deshalb vermerkte sie auf dem Brief Leopolds: »In kurzer Zeit ist er vollkommen geworden. Ich würde es nicht wagen, nach 26 Regierungsjahren das gleiche zu behaupten.«

Der strenge Weg, den Maria Theresia mit ihren Kindern eingeschlagen hatte, war zumindest für Leopold der richtige, wenn auch nicht unbedingt der begrüßenswerteste. Aber nach dem Tod seines Bruders Karl war klar, dass Leopold einmal eine wichtige Funktion im politisch zusammengewürfelten Italien innehaben würde. Mit der richtigen Frau an seiner Seite konnte er Großes bewirken.

Nachdem sich das Ehekarussell im Hause Habsburg-Lothringen beinahe jedes Jahr drehte, war die Hochzeit von Leopold mit Maria Ludovika, der spanischen Königstochter, für den Sommer 1765 festgesetzt. Die Wiener hatten natürlich erwartet, dass der Kaisersohn das Fest seines Lebens in der Haupt- und Residenzstadt feiern würde. Aber der Vater der Braut hatte darum gebeten, nicht in Wien zu feiern, da noch zu wenig Zeit nach dem Tode der schönen Isabella von Bourbon-Parma, der Gemahlin von Leopolds Bruder Joseph, verstrichen war. Die Erinnerung an diese seltsame, geheimnisvolle Frau war überall noch zu lebendig und König Karl III. fürchtete, dass man seine Tochter mit der Verblichenen vergleichen könnte. Dabei hätte die attraktive Maria Ludovika in keiner Weise die Konkurrenz scheuen müssen, sie war mit ihrem hellblonden Haar und den veilchenblauen Augen nicht nur ein schönes Mädchen, sie gewann dazu die Herzen aller durch ihr bezauberndes Lächeln. Es war kein Wunder, dass sich Leopold schon bei ihrem ersten Zusammentreffen in Bozen Hals über Kopf in sie verliebte. Auch die Braut fand den eher schmächtigen Jüngling, der ihr durch seine ständige Durchfallserkrankung geschwächt gegenübertrat, nicht unsympathisch. Die Hochzeit der beiden in Innsbruck war lange Zeit in Frage gestellt, denn Leopold konnte sich von der Dysenterie nicht erholen, an der er von Kindesbeinen an litt und die auch der kaiserliche Leibarzt van Swieten nicht in den Griff bekam. Die Fieberschübe waren kurz vor dem Hochzeitstermin so gewaltig, dass Leopold kaum mehr auf den Füßen stehen konnte. Maria Theresia beschloss daraufhin, einen Priester holen zu lassen, der ihm die Sterbesakramente verabreichen sollte. Mit letzter Kraft bäumte sich Leopold gegen die Anordnungen der Mutter auf und verweigerte die letzte Ölung als Zeichen dafür, dass er unter keinen Umständen sterben wollte.

Sterben allerdings sollte ein ganz anderer. Aus dem vollen Leben wurde sein Vater Kaiser Franz Stephan von Lothringen gerissen, ein Mann, dessen Fähigkeiten in Wien gar nicht so bekannt waren, da man den Lothringer eigentlich als Gemahl der schönen Maria Theresia abgelehnt hatte. Aber Franz Stephan hatte begonnen, die Toskana, die durch politische Manipulationen an die Lothringer im Tauschverfahren gekommen und heruntergewirtschaftet war, durch sein finanzielles Geschick zu sanieren. Er hatte Geld in dieses Land investiert, das später einmal sein Sohn Leopold an seinen kaiserlichen Bruder Joseph zurückzahlen musste. Mit Franz Stephan waren die Reformen für das oberitalienische Land eingeläutet worden. Er sollte in seinem Sohn Leopold in vielerlei Hinsicht einen genialen Nachfolger haben.

Der Kaiser war nicht gerade erfreut über den Plan seiner hohen Gemahlin gewesen, die Hochzeit des Sohnes in

Innsbruck feiern zu müssen, Graz oder eine Stadt in Italien wären ihm wesentlich sympathischer gewesen. Aber Maria Theresia wollte »ihren lieben Tirolern« eine ganz besondere Auszeichnung gewähren und beharrte auf dem Standpunkt, Leopold sollte in der Tiroler Hauptstadt heiraten. Schon nach wenigen Tagen in Innsbruck fühlte sich Franz Stephan nicht wohl, er klagte über Kopfschmerzen und Atembeschwerden, was die Ärzte mit dem herrschenden Föhnwetter erklärten. Deshalb war man völlig unvorbereitet, als der Kaiser am 8. August 1765 plötzlich zusammenbrach. Obwohl man alles versuchte, Franz Stephan am Leben zu erhalten, kam alle Hilfe zu spät. Mit ihm war für Maria Theresia der Glanz des Lebens erloschen, sie blieb in ihrem Inneren trotz ihrer Aktivität eine gebrochene Frau.

Es war eine Tragik im Leben Leopolds, dass er beim Tod seines Vaters zwar in Innsbruck weilte, aber zu spät an dessen Sterbelager gebracht wurde, da er – geschwächt wie er war – nicht in der Lage war, aufrecht zu gehen.

Kurz vorher hatte der Vater ihm noch wichtige Anweisungen erteilt und aufgeschrieben, er wollte, dass der Sohn sie vier Mal im Jahr lesen und berücksichtigen sollte. Tiefgläubig wie auch Franz Stephan war, hatte er Leopold darzulegen versucht, dass er jederzeit damit rechnen musste, zu sterben. Und da der Tod an allen Ecken und Enden lauerte, sollte der Sohn so leben, dass er stündlich vor Gottes Richterstuhl erscheinen könnte. Diese Hinweise waren in der Nachschau tatsächlich merkwürdig, da Franz Stephan ein eher lebensfroher Mensch gewesen war, der das *Memento mori* eigentlich nie so ernst genommen hatte.

Auch nach dem Tode ihres über alles geliebten Mannes war Maria Theresia eine starke Frau. Von tiefem Schmerz überwältigt verfasste sie für ihren Sohn Leopold, der von einem Tag auf den anderen plötzlich Großherzog der Toskana geworden war, eine in französischer Sprache abgefasste Generalinstruktion, in der sie ihrem Sohn alle wichtigen Schritte der Regierungsgeschäfte erläuterte. Dabei scheute sie nicht davor zurück, auch private Dinge eingehend darzulegen, wie den täglichen Besuch der Messe und das Abendgebet. Ferner forderte sie Leopold auf, in der Karwoche öffentlich die Kommunion zu nehmen und zwölf armen Greisen und Greisinnen die Füße zu waschen. Sie empfahl dem Sohn, größten Wert auf Hygiene zu legen und sich nur von seinem Leibarzt, dem Promedicus Hasenöhrl, der sich Lagusius nannte, behandeln zu lassen. Außerdem sollte der Sohn in Florenz alle Nuditäten, die sich in den Gemäldesammlungen fanden, aus der Burg entfernen lassen. Bei Maria Theresia zeigte sich schon damals eine für die Zeit ungewöhnliche Prüderie, die in hysterische Sittenstrenge ausartete. Sie selbst hatte in Innsbruck den Auftrag gegeben, berühmte Bilder von den Wänden zu nehmen, auf denen wenig bekleidete Personen zu sehen waren.

Nach den Aufregungen in Innsbruck verließen Leopold und Maria Ludovika die Stadt. Ihr Ziel hieß Florenz. Sie konnten sich der Stadt aber nur ganz langsam nähern, da sich Leopolds Gesundheitszustand immer noch nicht gebessert hatte und sie täglich nur für wenige Stunden mit dem Wagen fahren konnten. Alles andere hätte den jungen Mann, der bei seiner eigenen Hochzeit vor nur wenigen Wochen auch die Hochzeitsnacht nicht mit seiner Frau hatte verbringen können, noch mehr geschwächt.

Am 13. September 1765 war es endlich so weit: Das junge Paar konnte unter den erwartungsvollen Blicken der Florentiner in die Stadt am Arno einziehen, wo Leopold in den nächsten Jahren seine politischen und sozialen Vorstellungen verwirklichen sollte.

Mit Feuereifer stürzte sich der junge Großherzog an der Seite seiner hervorragenden Berater wie Graf Franz Xaver Rosenberg-Orsini, Graf Johannes Goess und natürlich sein alter Lehrer Graf Anton Thurn, den er als Bruder seines Vize-Ajos ganz besonders schätzte, in seine große Aufgabe. Den beinahe achtzigjährigen Marchese Botta, der bis dahin in Abwesenheit des eigentlichen Herrschers die Zügel in der Hand gehabt hatte, entließ der neue Großherzog in allen Ehren, da er vorhatte, neuen Wind in die verstaubte Politik zu bringen. Dies war es auch, was die Florentiner Bevölkerung von ihm erwartete, denn in den letzten Jahren hatte sich die wirtschaftliche Situation des einst blühenden Staates durch Missernten und Naturkatastrophen ungewöhnlich verschlechtert. Der neue Herrscher konnte die Situation nur verbessern.

Mit Elan machte sich Leopold an sein gewaltiges Werk, bereiste wochenlang das Land, um die Missstände mit eigenen Augen feststellen zu können, ließ Pläne ausarbeiten und kümmerte sich um die Verwirklichung. Dass ihm allerdings ausgerechnet sein kaiserlicher Bruder dabei Steine in den Weg legen würde, damit hatte er sicherlich nicht gerechnet. Denn nach dem Tode der Mutter im Jahre 1780 hatte Joseph mit aller Konsequenz von Leopold die Rückzahlung von zwei Millionen Gulden gefordert, die sein Vater seinerzeit in der Toskana investiert hatte. Wie der Bruder das Geld auftreiben sollte, war Joseph völlig gleichgültig, wobei natürlich das indifferente Verhältnis der Brüder zueinander eine große Rolle spielte. Schon als junge Männer waren ihre Diskussionen immer von einer gewissen Spannung gewesen, denn Leopold konnte die ironische bis zynische Art Josephs nicht ertragen. Dabei klammerte sich Joseph manchmal geradezu emotional an den Bruder, wenn er ihm nach dem Tod seiner geliebten Gemahlin Isabella schrieb:

Liebster Bruder,

wenn es möglich ist, in einer so grausamen Lage Trost zu empfinden, so ist allein Ihr Freundschaftsbeweis fähig, ihn mir zu geben. Ich bin außerstande, mehr darüber zu sagen. Ich habe alles verloren. Ich wünsche Ihnen von ganzem Herzen eine ebenso gute Frau wie meine Verewigte, aber daß Gott Sie vor einem solchen Unglück bewahren möge. Leben Sie wohl, ich umarme Sie, mein liebster Bruder.

Ihr sehr ergebener Diener und Bruder
Joseph

Es schien in den folgenden Jahren geradezu ein Kräftemessen zwischen den beiden zu sein, das auf alle Fälle Leopold in seiner überlegten Art zu handeln gewinnen musste. Denn Joseph bezweckte durch sein übereiltes Tun sehr oft das Gegenteil von dem, was er eigentlich beabsichtigte. War es der Kaiser, der die Klöster der betenden Orden rigoros schließen ließ, so ordnete Leopold zwar auch an, Klöster aufzuheben, denn Italien war überschwemmt von Ordensgemeinschaften, sodass man in manchen Orten mehrere Klöster vorfand, aber er bedachte dabei, dass die Geistlichen auch Lehrmeister für die Bevölkerung waren und nicht von heute auf morgen ersetzt werden konnten. Aber selbst er kam bei der Bevölkerung durch seine vorsichtigen Maßnahmen in Misskredit, denn ein junger übereifriger Geistlicher, Scipione Ricci, Bischof von Prato und Pistoia, hatte den Erzherzog

Die Brüder Joseph II. und Leopold II. – beide hochbegabt, doch von ganz unterschiedlichem Charakter.

bei der Kirchenreform unterstützt und dabei den Bogen etwas überspannt. Plötzlich verbreitete sich das Gerücht, dass Bischof Ricci einen Madonnengürtel im Dom entfernen wollte. Wegen dieses eher seltsamen Vorgangs rottete sich das Volk zusammen und stürmte den Bischofspalast. Leopold war gewarnt und er erkannte klar, dass er mit seinen Reformen behutsamer vorgehen musste. Wenn er auch zu viele Klöster akzeptieren musste, so sollte wenigstens die Geistlichkeit in der Gerichtsbarkeit eingeschränkt werden. Es ging für ihn nicht an, dass es immer noch Inquisitionsgerichte gab, bei denen unschuldige Menschen gefoltert wurden. Der Großherzog hob nicht nur diese mittelalterliche Gerichtsbarkeit auf, er verfügte auch, dass Ehebrecher nicht in Klostergefängnissen für ihre menschlichen Verfehlungen büßen mussten, ebenso sollte niemand mehr wegen Majestätsbeleidigung bestraft werden. In dem neuen Strafgesetzbuch, das Leopold 1786 einführen ließ, erkannte man die Gedanken der Aufklärung, von denen der Großherzog beseelt war. Neben den vielen innerpolitischen Problemen, die Leopold von früh bis spät beschäftigten, hatte er sich auch um seine zahlreichen Geschwister zu kümmern, die in die einzelnen italienischen Staaten verheiratet worden waren. Dabei spielte sein Bruder Ferdinand im Denken Leopolds eine untergeordnete Rolle, der durch seine Heirat Herzog von Modena geworden war. Denn der hochgeistige und aktive Leopold hielt nicht viel von seinem faulen Bruder, der noch dazu aufgrund seines fröhlich-unbeschwerten Wesens der Liebling der Mutter gewesen war. Viel mehr zog es Leopold zu seiner Schwester Maria Karoline, die von Maria Theresia an den tölpelhaften Ferdinand IV. von Neapel-Sizilien verheiratet worden war. Das Schicksal der Schwester berührte Leopold zutiefst, noch dazu, wo er selber eine glückliche Ehe führte. Schon die Brautfahrt Marie Karolines hatte sich zu einer kleinen Katastrophe entwickelt, sodass Leopold dem Schwager mitteilen ließ, er würde ihm persönlich den Hals umdrehen, wenn er die Schwester nicht glücklich machte.

Leopold verwirklichte seine Drohung allerdings nicht, obwohl Marie Karoline alles andere als eine zufriedene Ehefrau war. Gottlob hatte sie aber ein unbeschwertes Gemüt, das sie nicht nur den unmöglichen Ehemann ertragen ließ, sondern sie auch dazu befähigte, die politischen Geschäfte in Neapel zu führen, denn ihr Gemahl kümmerte sich lediglich um die Jagd: auf Frauen und auf Wild.

Ein Leben lang war Leopold aufs Innigste mit dieser Schwester verbunden, erst in späterer Zeit erkannte er aber auch den wahren Charakter seiner Schwester Marie Christine, die er als Kind beinah gehasst hatte.

Da er zu allem, was sein kaiserlicher Bruder Joseph beschlossen hatte, gute Miene machen musste, versuchte er mit ihm immer wieder einen Ausgleich. So fuhren die Brüder im Frühjahr 1769 gemeinsam nach Rom, wo sie anscheinend friedliche Tage verbrachten, zusammen die Konklave besuchten, aus der Papst Clemens XIV. hervorging, und überall, wohin sie kamen, Eintracht demonstrierten.

Dabei hatte Joseph wahrscheinlich schon damals die Absicht, das Großherzogtum Toskana einzuziehen, ohne mit dem Bruder darüber zu sprechen. Deshalb war der 5. Juli 1784 ein besonders schwarzer Tag für Leopold, an dem er zähneknirschend gezwungen war, die Abolitionsurkunde zu unterzeichnen, wodurch die Sekundogenitur für die Toskana beseitigt wurde. Dadurch verlor jedes Gesetzwerk, das er mühselig zustande gebracht hatte, seine Gültigkeit. Einzig und allein seine Stellung als Großherzog blieb bis zu seinem Tode erhalten.

Wahrscheinlich war es politische Eifersucht, die Joseph zu diesem Schritt bewegte, denn er selber musste sich eingestehen, dass er mit seinen übereilten Reformvorschlägen scheiterte, vor allem auch, was seine außenpolitischen Ziele betraf. Es gelang ihm auch auf kriegerischem Wege nicht, Bayern dem Habsburgerreich einzuverleiben und seine Vorstellungen im Osten gegen die Türken zu verwirklichen. Der Bruder hingegen buchte Erfolg um Erfolg für sich, wobei es natürlich einen großen Unterschied machte, ob ein Kaiser einen Vielvölkerstaat regierte und die Absicht hatte, diesen zu reformieren, oder ob ein kleines Land in neue Zeiten geführt werden sollte.

Leopold erkannte noch als junger Mann ganz konkret, dass die Toskana nur dann zu einem bescheidenen Wohlstand kommen konnte, wenn er das System der Landwirtschaft von Grund auf reformierte. Durch die Trockenlegung der Maremma war es gelungen, Land, das noch keinen Besitzer hatte, an arbeitswillige Leute zu vergeben. Daneben verbot er das sogenannte »Bauernlegen«, wodurch die einst freien Landwirte in die Leibeigenschaft der Grundherren gedrückt wurden, wenn sie das entliehene Geld aufgrund von Missernten nicht zahlen konnten. So wie sein kaiserlicher Bruder begann auch der Großherzog eine einheitliche Grundsteuer einzuführen, die sich nach den Aufzeichnungen in einem Kataster richtete, während er die für die Armen oft problematische Salz-, Wein- und Mahlsteuer abschaffte.

Leopold arbeitete von früh bis spät, so als wüsste er, dass nicht nur seine Tage in der Toskana gezählt waren. Dabei machten sich immer wieder gesundheitliche Probleme bemerkbar, nach seinen eigenen Aussagen waren seine Augen rot und geschwollen, was er in einem Brief an seinen Bruder Joseph beklagt:

> *Was Deine Augen betrifft, so bin ich recht böse darüber zu erfahren, daß Du darunter leidest, umso mehr, als ich aus Erfahrung weiß, wie schmerzhaft und unangenehm das ist. Ich leide furchtbar darunter, besonders jetzt, wo die Nächte lang sind und man sehr viel bei Kerzenlicht arbeiten muß. Ich wage Dir zu raten, nichts dagegen zu nehmen, aber sie am Morgen und am Abend mit frischem Wasser zu benetzen.*
>
> *Was auch sehr viel Erleichterung bringt ist, am Abend mit einer einzigen Öllampe im Zimmer zu arbeiten, man leidet darunter weniger als unter dem Wachslicht. Ich habe einen Schirm vor der Lampe und einen anderen über den Augen, beide aus grüner Seide. Man muß auch die offenen Kamine meiden.*

Bei all den Reformen für das einfache Volk stellte der Großherzog die moderne Bildung nicht hintan. Er war ein begeisterter Anhänger des Pädagogen Pestalozzi und propagierte nach dessen Anregungen folgende Erziehungsprinzipien:

> *Man muss, indem man den Charakter der Kinder von Grund auf studiert, damit beginnen, daß man ihn nach ihren Neigungen zu bilden versucht, aber vor allem ist es notwendig, das Vertrauen der Kinder zu gewinnen, sie aufrichtig und offen zu machen und ihnen Abscheu vor jeder Lüge und Doppelzüngigkeit, Hinterlist, Klatscherei etc einzuflößen ... Man muß ihnen die einzige Leidenschaft, die sie haben*

Kaiser Leopold II.

müssen, beibringen, nämlich die der Humanität, des Mitleids und des Verlangens, ihr Volk glücklich zu machen. Man muß ihr Gefühl zugunsten der Armen wecken … Heutzutage, wenn unsereiner ein Land erbt, ist das nicht mehr ein wohlerworbenes Eigentum, das ihm zufällt wie früher, – sondern ein Amt, eine schwere Last; man muß sich den Kopf zerbrechen, wie man den neuen Untertanen möglichst zu Gefallen regiere!

Bessere Worte hat wahrscheinlich vor Leopold und nach ihm noch keiner gefunden! Einige seiner 16 Kinder traten in die Fußstapfen ihres genialen Vaters, Erzherzog Johann verwirklichte diese Thesen in der Steiermark.

Bildung auf allen Lebensgebieten einer breiten Bevölkerungsschicht zu bieten, war ein Hauptziel des Großherzogs. Er setzte sich mit einem in wissenschaftlichen Kreisen berühmten Professor aus Braunschweig in Verbindung, der ein grundlegendes Gutachten verfasste. Aus einem Schreiben Professor Eberhard Zimmermanns ging hervor, wie sehr er die Maßnahmen, die Leopold in der Toskana einführte, schätzte, denn die neue Blüte, die in diesem Land plötzlich zu erkennen war, ging einzig und allein auf das Konto des Regenten. Zimmermann schrieb, dass alles nur »… durch die verehrungswürdigste, unablässig thätige Weisheit seines heutigen Regenten hervorgebracht« werde. »Auch hat sich die Toskana nicht nur von jeher vor allen Ländern Italiens in den Wissenschaften ausgezeichnet, sondern es sind auch seine heutigen Einrichtungen in Rücksicht der Universitäten gegen die übrigen italienischen Staaten allerdings die vorzüglichsten.«

Als Kaiser Joseph in Wien schon von schwerer Krankheit gezeichnet in immer neuerlichen Briefen sich an den

Bruder um Rat und Hilfe wandte, zögerte Leopold, der mittlerweile nach dem Ausscheiden des Grafen Rosenberg aus der Regierung die Amtsgeschäfte beinahe allein führte, lange, Joseph wirklich zu vertrauen. Er erkannte nicht, dass der Bruder es tatsächlich ernst mit seinen Anliegen meinte, und glaubte immer noch an gewisse Finten, die er von Joseph in Erinnerung hatte. Vielleicht wollte er nicht daran denken, dass er in absehbarer Zeit die Nachfolge Josephs als Kaiser antreten musste, zu sehr war ihm die Toskana ans Herz gewachsen, wo sich auch seine große Familie zu Hause fühlte. Seine Gemahlin, mit der ihn auch trotz so mancher Seitensprünge ein inniges Verhältnis verband, wollte ebenso wenig von einem Umzug nach Wien wissen. Er selber war aber noch anderweitig an Florenz gebunden: Die Schauspielerin Livia Raimondi hatte in dem überaus sinnlichen Mann alle Saiten geweckt, sodass aus der flüchtigen Romanze eine feste Beziehung geworden war, der auch ein Sohn entsprossen war. Diese Dame wollte er als Nachfolger seines Bruders Joseph, der er 1790 geworden war, auch in Wien nicht missen.

Livia Raimondi begleitete das hohe Paar in die Kaiserstadt und fühlte sich nicht nur in den Armen Leopolds wohl, sondern stand auch in bester Beziehung zu dessen Gemahlin Maria Ludovika, mit der sie so manche traute Stunde bei Handarbeiten verbrachte. Nach Leopolds überraschendem Tod kehrte sie nach Florenz zurück, wo sie eine wohlhabende, angesehene Frau bis an ihr Lebensende war. Der »natürliche« Sohn Leopolds blieb in Wien, wo er in verschiedenen Familien aufgezogen wurde. Seine Mutter sah er nie wieder.

Nur zwei Jahre war es Leopold vergönnt, auf dem Habsburgerthron zu sitzen, was er niemals angestrebt hatte. Denn seine ganze Liebe hatte der Toskana gehört, wo es nach seinem Weggang zu Revolten gekommen war. Kaum in Wien angekommen musste Leopold einsehen, dass dieses Parkett für ihn viele Tücken hatte. Die Ratgeber seines Bruders und seiner Mutter waren inzwischen uralt geworden, Fürst Kaunitz konnte sich nicht mehr aus dem Bett erheben, als Leopold seinen Rat suchte, und Feldmarschall Hadik starb am Tage der Ankunft des neuen Kaisers. Ohne großes Zeremoniell übernahm Leopold die Herrschaft nach dem Tod seines Bruders, alles schien familiär in selbstverständlichen Bahnen zu verlaufen. Allerdings war auch damals der Schein trügerisch. Denn Leopold merkte instinktiv, dass die Reformen, die sein Bruder einführen wollte oder auch eingeführt hatte, in vielem zu modern, zu übereilt und manchmal auch zu drastisch waren. Daher hob er viele Beschlüsse auf, sodass schließlich nur das Toleranzpatent und eine Verbesserung der Lage der Bauern von den vielen Plänen Kaiser Josephs übrig blieben.

Tausend Dinge galt es für Leopold zu erledigen, plötzlich war er gezwungen, sich über außenpolitische Dinge den Kopf zu zerbrechen, wovon er bisher in der Toskana verschont geblieben war. Da sein Bruder vergeblich versucht hatte, die Österreichischen Niederlande gegen Bayern einzutauschen, was vor allem an der Ablehnung des preußischen Königs Friedrich II. gescheitert war, drohte wiederum ein Krieg mit dem streitbaren Preußen. Leopold versuchte mit allen Mitteln ein neuerliches Blutvergießen zu verhindern und schlug Friedrich eine persönliche Aussprache vor, die in dem kleinen Ort Reichenbach auch zustande kam. Alles endete mit einem Kompromiss, indem Leopold auch seine Bereitschaft erklärte, mit den Türken Frieden zu schließen.

Leopold handelte diplomatisch klug, sich mit dem Erzfeind seiner Mutter zu arrangieren, denn er brauchte auch die Stimme Preußens, wollte er in Frankfurt zum Römisch-Deutschen Kaiser gewählt und auch gekrönt werden. Am 30. September 1790 war es dann so weit. Über die Krönungszeremonie konnte man allerdings geteilter Meinung sein, denn die uralte Tradition wirkte für einen aufgeklärten Monarchen mehr als lächerlich. Karl Heinrich Ritter von Lang berichtete sarkastisch:

Der Kaiserornat sah aus, als wäre er auf dem Trödelmarkte zusammengekauft, die Kaiserkrone aber, als hätte sie der allerungeschickteste Kupferschmied zusammengeschmiedet und mit Kieselsteinen und Glasscherben besetzt, auf dem angeblichen Schwert Karls des Großen war ein Löwe mit dem böhmischen Wappen. Die herabwürdigenden Zeremonien, nach welchen der Kaiser alle Augenblicke vom Stuhl herab und hinauf, hinauf und hinab, sich ankleiden und auskleiden, anschmieren und wieder abwischen lassen, sich vor den Bischofmützen mit Händen und Füßen ausgestreckt auf die Erde werfen und liegen bleiben mußte, waren in der Hauptsache ganz dieselben, womit der gemeinste Mönch in jedem Bettelkloster eingekleidet wird.

Natürlich kamen auch die Abgesandten der Ungarn und Böhmen, die den neuen Kaiser einluden, sich in ihren Ländern zum König krönen zu lassen. Von den Aversionen, die man noch vor einem Jahr den Habsburgern gegenüber empfunden hatte, war keine Rede mehr.

In der kurzen Zeit seiner Regierung hatte Leopold die Hände voll zu tun, um überall, wo es brenzlig wurde, die

Situation halbwegs zu beruhigen. Wie seine Aktionen ausgeschaut hätten, wäre ihm ein längeres Leben vergönnt gewesen, bleibt dahingestellt. Denn auch die Lage in Frankreich, vor allem seiner eigenen Schwester Marie Antoinette, die nach einem vergeblichen Fluchtversuch in den Händen der Revolutionäre war, spitzte sich mit jedem neuen Tag zu. Tiefschwarz erschienen die Wolken im Westen am politischen Horizont, sodass sich der Kaiser gezwungen sah, zusammen mit den Preußen am 7. Februar eine Defensivallianz zu schließen. Es war Leopolds letzte bedeutende Handlung.

Denn in den letzten Februartagen war er stark erkältet aus Böhmen zurückgekehrt und wollte noch Anordnungen in Schönbrunn treffen, da er in diesem Schloss den Sommer zu verbringen beabsichtigte. Am Abend des 25. wurde er von Kälteschauern überfallen, Leibschmerzen begannen ihn zu quälen, sodass sich sein langjähriger Arzt entschloss, ihn, wie es damals üblich war, zur Ader zu lassen und Klistiere zu verordnen. Diese absurde Kur schwächte Leopold so sehr, dass er wahrscheinlich, als er sich übergeben musste, an dem Erbrochenen erstickte. Er starb in den Armen seiner untröstlichen Gemahlin Maria Ludovika am 1. März 1792.

Sein Tod kam so überraschend und für alle erschütternd, dass es nicht mehr möglich gewesen war, ihm die Sterbesakramente, die er schon als junger Mann abgelehnt hatte, zu verabreichen. Kaum war er in der Kapuzinergruft beigesetzt, wollten die Gerüchte nicht verstummen, dass Kaiser Leopold II. mit einer Limonade vergiftet worden war. Man suchte nach Schuldigen und inhaftierte verdächtige Personen. Wahrscheinlich aber ist er an einer Lungen- und eitrigen Rippenfellentzündung gestorben. Seine Gemahlin überlebte den Tod des innig geliebten Mannes nur um zwei Monate. Sie hauchte am 15. Mai 1792 ihr Leben aus.

Die Erinnerung an Pietro Leopoldo lebt in der Toskana bis heute fort. Vierzig Jahre nach seinem Tode wurde ihm in Pisa ein Denkmal gesetzt und in Florenz nannte man einen Platz nach dem genialen Großherzog, der aus Österreich gekommen war und segensreich für dieses schöne Land mitten in Italien gewirkt hatte.

Der steirische Prinz
Erzherzog Johann

Selten hat die Erinnerung an einen Habsburger die Zeiten so überdauert wie die an Erzherzog Johann. Er ist heute noch an allen Ecken und Enden präsent und es ist beinahe unmöglich, die Steiermark zu besuchen, ohne dass irgendwo, selbst in den abgelegensten Tälern, sein Namen fällt.

Dabei galt seine Liebe eigentlich Tirol, wenn man von seiner Jugendschwärmerei für die Schweiz und ihre Bewohner absieht. Sein Bruder, Kaiser Franz II., der nach den napoleonischen Siegen als Franz I. nur noch Kaiser der Donaumonarchie war, griff schon sehr bald entscheidend in das Leben Johanns ein und verhinderte damit, dass der jüngere Bruder als »Tiroler Prinz« in die Geschichte einging. Ob Franz selber seine Entscheidungen gegen den Bruder getroffen hatte, bleibt bis heute dahingestellt. Denn Weitsicht und Überblick fehlten diesem traurigen Habsburger, der sich von seinem Kanzler Metternich in jeder Hinsicht gängeln ließ. Vielleicht erkannte Franz instinktiv die Genialität des 14 Jahre jüngeren Johann, sodass er jegliche Erfolge des Bruders zu unterbinden suchte, um nicht mit dessen Maßstäben gemessen zu werden, denen er niemals standhalten konnte.

Es war eine Tragik des Schicksals, dass ausgerechnet jene zwei Kaiser so früh starben, die eine Kehrtwendung der traditionellen monarchischen Politik bewirken wollten. Vom Geiste der Aufklärung beseelt, versuchten sowohl Joseph II. als auch sein Bruder Leopold II. den Staat und seine Gesellschaft zu reformieren, um Ausschreitungen, wie sie in Frankreich in den letzten Jahren stattgefunden hatten, im Keime zu ersticken. Joseph II. überspannte in seiner ungestümen Art den Bogen der Reformen, seine Ziele wurden vom Volk nicht verstanden, weil er all seine Ideen übereilt durchzusetzen suchte. Sein Bruder Leopold, der als Großherzog in der Toskana herrschte, hätte die nötige Geduld gehabt, das Werk seines Bruders zu einem guten Ende zu bringen, als er 1790 überraschend den Kaiserthron in Wien besteigen musste. Aber der Tod machte ihm einen dicken Strich durch die Rechnung, er veränderte auch die Situation in der Kaiserfamilie in jeder Hinsicht. Bisher hatten die zahlreichen Kinder von Leopold II. und seiner Gemahlin Maria Ludovika selbst in Wien eine unbeschwerte Zeit erleben können, nachdem sie den Umzug aus dem sonnigen Florenz in die düstere Hofburg einigermaßen verkraftet hatten. Aber 1792, nach dem Verlust von Vater und Mutter – Ludovika starb einige Monate nach ihrem Gemahl –, wurde die Atmosphäre am Kaiserhof plötzlich eisig, denn der junge Kaiser Franz zeigte den Geschwistern sehr deutlich, wer der Herr im Hause war. Franz, der in Frankfurt zum Kaiser gekrönt worden war, erwies sich als unerbittlicher Vormund seiner Geschwister. Niemand außer ihm hatte in der großen Familie Sitz und Stimme, menschliche Bande schien es nicht mehr zu geben. In seiner Unsicherheit vermittelte Franz den Brüdern und Schwestern gegenüber das Gefühl, nicht existent zu sein. Viel später äußerte sich Erzherzog Johann über das Verhalten seines Bruders: »Wir wurden beinahe vergessen, man begann uns Kleinere und meine Schwestern entfernt zu halten.« Selbstständiges Denken und Handeln waren in keiner Weise gefragt, jeglicher Widerspruch wurde sofort geahndet. Die Geschwister wurden gezwungen, nach der Pfeife des Kaisers zu tanzen, sie waren in dessen Händen Marionetten, genauso wie er selber die gegängelte Puppe seines Staatskanzlers, des Fürsten Metternich, war.

Für den erst zehnjährigen Erzherzog Johann war mit der Thronbesteigung seines Bruders eine harte Zeit angebrochen. In Florenz, wo er als 13. Kind des Großherzogs am 20. Januar 1782 das Licht der Welt erblickt hatte, war es ihm vergönnt gewesen, eine unbeschwerte Kindheit zu verbringen. Es war das Verdienst seines Vaters gewesen, der ganz im Sinne der Aufklärung, vor allem beeinflusst von Rousseau, moderne denkende Lehrer für seine Kinder engagiert hatte, sodass diese geistig und körperlich in jeder Hinsicht gefördert wurden. Viel Bewegung an der frischen Luft und eher karges Essen sollten das körperliche Wohlbefinden der Kinder steigern, denn nach Leopolds Ansicht war die Voraussetzung für einen gesunden Geist ein gesunder Körper! Hoffnungsvoll hätte der Großherzog in die Zukunft schauen können, wenn er auf seine fröhliche Kinderschar blickte, wäre nicht sein ältester Sohn Franz so ganz und gar nicht lernwillig und begeisterungsfähig gewesen. Dabei konnte man schon sehr bald abschätzen, dass ausgerechnet dieser Sohn der Nachfolger seines Oheims Kaiser Joseph II. werden würde, denn nach dem Tod seiner geliebten Gemahlin Isabella von Bourbon-Parma war der Kaiser an keiner ehelichen Verbindung mehr interessiert. Zwar hatte Maria Theresia darauf bestanden, dass Joseph noch einmal heiratete. Diese Zwangsheirat mit Maria Josepha von Bayern war sinnlos, da Joseph sich weigerte, die Ehe mit der unansehnlichen Braut zu vollziehen.

Daher vereinbarten die Brüder Joseph und Leopold, dass der älteste Sohn des Großherzogs schon sehr bald an den Wiener Hof geschickt werden sollte, um als »Kaiserlehrling« sein späteres »Handwerk« von der Pike auf zu lernen. Wie unheilvoll sich wieder einmal das Gesetz der Primogenitur auswirkte, zeigte sich an dem engstirnigen späteren Kaiser Franz. Denn die Geschichte Europas wäre wahrscheinlich anders geschrieben worden, hätte einer seiner Brüder Johann oder Carl die Chance gehabt, auf den Thron zu gelangen.

Aber beide standen in der zweiten Reihe und konnten nur versuchen, trotz großer Schwierigkeiten aus ihrem Leben etwas zu machen.

Als hätte Leopold II. die Zukunft seines Sohnes Johann vorhergesehen, hatte nicht irgendein renommierter Adeliger das Kind aus der Taufe gehoben, sondern der einfache Florentiner Bürger Giovanni Filippo Barellai wurde für diese Ehre ausersehen. Etwas völlig Ungewöhnliches, bedenkt man, dass eine derartige Annäherung an das Volk etwas noch nie Dagewesenes bedeutete. Auch der Name des Kindes war bisher in der Habsburgerfamilie eher verpönt, erinnerte er an den Meuchelmörder Johann Parricida, der vor Jahrhunderten seinen Oheim König Albrecht I. heimtückisch ermordet hatte. Den Großherzog hielt aber diese Schauergeschichte nicht davon ab, seinen neugeborenen Sohn Johann nach dem Stadtpatron von Florenz, nach Don Giovanni, zu benennen. Durch den bürgerlichen Taufpaten wollte Leopold zum Ausdruck bringen, wie sehr er das Volk von Florenz schätzte, der Sohn sollte nicht nur ein Kind aus dem Hochadel sein, sondern ein Spross des Volkes!

Da der Großherzog immer und überall den Kontakt zu seinen einfachen Mitmenschen suchte, war es auch den

Kindern erlaubt, nicht nur in den Parks zu spielen, in denen man unter sich war. Sie hatten Freunde aus allen Schichten der Bevölkerung, sodass sie gar nicht auf die Idee kamen, sich elitär zu absentieren. Erst in der Hofburg in Wien war es nicht mehr möglich, die enge Verbindung zur Bevölkerung aufrechtzuerhalten. Auch die entsprechenden Lehrer, die Leopold für seine Kinder ausgewählt hatte, ließen die Söhne und Töchter nicht vergessen, dass der Wohlstand, der sie umgab, nicht selbstverständlich war.

Schon sehr früh bemerkte man bei dem kleinen Johann ein lebhaftes Interesse für die verschiedensten wissenschaftlichen Dinge. Er war beglückt, wenn ihn sein Vater in die Experimentierräume mitnahm und ihm die seltsamen Erscheinungen, die sich bei physikalischen und chemischen Reaktionen ergaben, erklärte. Denn der spätere Kaiser war in den Jahren, die er in Florenz verbrachte, ein begeisterter Naturwissenschaftler, der jede freie Minute in seinen Experimentierkabinetts zubrachte. Und da er schon bald die Wissbegier seines kleinen Sohnes Johann bemerkte, durfte das Kind die »geheiligten Hallen« seines Vaters betreten und ihm bei dessen Experimenten über die Schulter schauen, eine ungewöhnliche Auszeichnung für den Knaben! Daneben förderte sein Lehrer Anton Ludwig – oder, wie er sich nannte, Anton Louis –, ein gebürtiger Schlesier, durch seine lebhaften Schilderungen und Erzählungen von den Wundern dieser Welt noch das Interesse Johanns.

Erzherzog Johann war erst zehn Jahre alt, als mit einem Schlage alles anders wurde. Seine Lehrer wurden auf Befehl seines kaiserlichen Bruders ausgetauscht, anstelle von weltoffenen Gelehrten traten jetzt kaiserliche Ja-Sager, die mit ihren verstaubten Ansichten jegliche freie

Meinungsäußerung unterbanden. Die Zeit wurde zurückgedreht!

Obwohl Johann seinem kaiserlichen Bruder Franz äußerlich sehr ähnlich sah, beide waren mittelgroß, hatten eher schütteres blondes Haar und strahlend blaue Augen, erwies er sich in seiner Fortschrittlichkeit als das genaue Gegenteil, wobei es ihm unendlich schwer gemacht wurde, seine Ideen und Reformpläne durchzusetzen. Denn immer und überall wachten die Polizeispitzel eines Fürsten Metternich über Zucht und Ordnung im Staat. Auch die Geschwister des Kaisers wurden kleinlichst observiert und gerieten, wie Erzherzog Johann, in Gefahr, ins Gefängnis geworfen zu werden. Daher war es geradezu eine Notwendigkeit, dass Johann seine Pläne dem Bruder gegenüber nicht offen auf den Tisch legte, sondern erst immer dessen Meinung einholte. Nur in seinen Tagebüchern gab er seinen Gedanken wirklich Ausdruck und beklagte sich bitter darüber, dass er nur sehr vorsichtig seine Vorstellungen verwirklichen konnte. Zu sehr wurde er von den Vorschriften, die sein Bruder erließ, eingeengt.

Denn Franz hatte zunächst nur ein Ziel: Johann war wie sein Bruder Carl für den Dienst beim Militär bestimmt, beide sollten die Truppen der Monarchie befehlen, denn die Koalitionskriege gegen Frankreich waren im vollen Gang, jeder Mann wurde gebraucht.

Bei der Ausbildung Johanns ging Kaiser Franz den falschen Weg. Warum er den Bruder in der Breitenfelder Kaserne von dem bornierten Grafen Joseph Kinsky als gemeinen Rekruten schikanieren ließ, wobei der junge Erzherzog manchmal noch schlechter als so mancher gemeine Soldat behandelt wurde, wusste er wahrscheinlich selber nicht so genau. Die Folgen dieser völlig ungeeigneten Einführung in das Heereswesen waren unabsehbar. Denn Erzherzog Johann erhielt nicht die geringste taktische Instruktion, obwohl ihn der Kaiser bereits als 18-Jährigen zum Oberbefehlshaber seiner Truppen, die in Bayern standen, machte. Der junge Mann wurde im Dezember 1800 sowohl in der Schlacht bei Hohenlinden als auch in der Schlacht auf den Walserfeldern bei Salzburg völlig verheizt. Zwar war sein Amt als Chef des Heeres nichts anderes als eine Farce, denn General Lauer befehligte die kaiserlichen Truppen, die nicht die geringste Chance gegen das gut gerüstete und hervorragend ausgebildete französische Heer hatten, während die Kaiserlichen schlecht organisiert waren, nicht verpflegt wurden und keine Löhnung erhielten. Wenn auch die Geschichte jegliche Schuld von Erzherzog Johann weist, so machte er sich selber ein Leben lang Vorwürfe, den Tod Tausender unschuldiger Menschen verschuldet zu haben, genauso wie er seinem geliebten Tirol gegenüber ein schlechtes Gewissen hatte, weil ihm die Verteidigung dieses Landes nicht geglückt war. Der Erzherzog hatte die besten Pläne seinem kaiserlichen Bruder unterbreitet, wie man das Land vor den Franzosen und Bayern schützen konnte. Aber Franz hatte kein Ohr für die Erstellung einer Volksbewaffnung, wonach jeder Tiroler und später auch jeder Salzburger ab einem gewissen Alter sich selber bewaffnen oder bewaffnet werden sollte, um das Land jederzeit vor fremden Angriffen verteidigen zu können. Auch einheitliche Uniformen, schlicht und einfach aus grauem Lodenstoff hergestellt, so wie er sich selber kleidete, schlug er Franz vor. Aber alle Pläne des Bruders lehnte der Kaiser ab, auch den Ausbau einer Alpenfestung, den Johann für dringend notwendig ansah, fand er überflüssig. Viel zu modern, viel zu revolutionär erschienen dem »guten Kaiser« die Vorstellungen Johanns, denn er argwöhnte, dass der Bruder von den beiden Schweizern Graf Mottet und Hofrat Johannes von Müller ganz im Sinne Rousseaus beeinflusst worden war, der modernes Denken in der Staatsführung forderte – etwas völlig Absurdes für den konservativ denkenden Kaiser Franz!

Dass auch die Vorstellung des Erzherzogs von der Entstehung eines Alpenbundes, in dem die Bergländer vereinigt werden sollten, für Franz indiskutabel war, ja beinah an Revolution grenzte, war nicht verwunderlich. Nach vielen vergeblichen Versuchen, den Bruder von seinen weitreichenden, zukunftsorientierten Plänen zu überzeugen, musste Johann einsehen, dass er kein wie immer geartetes politisches Amt in der Monarchie bekleiden würde. Denn die Statthalterschaft von Tirol oder die der Steiermark sollten für ihn ein Leben lang nur Illusion bleiben. Alles, was Kaiser Franz für seinen genialen Bruder übrig hatte, war die Verleihung eines Titels, der nach heutigen Maßstäben diesem Menschen, der seiner Zeit weit voraus war, gerecht gewesen wäre, hätte er damals nicht eine ganz andere Bedeutung als heute gehabt. Der Kaiser ernannte Erzherzog Johann zum »Generalgeniedirektor«!

Das kleinräumige Denken, dem Johann in Wien ständig ausgesetzt war, konnte er auf Dauer nicht ertragen. Er musste weg aus der Hauptstadt, da er den Eindruck gewann, in der staubigen Atmosphäre der Hofburg ersticken zu müssen. Es zog ihn in die Berge, die Großstadt war ihm zur Qual geworden. Er schrieb sich die Sehnsucht nach der reinen Natur vom Herzen, indem er folgende Zeilen zu Papier brachte:

Sinn für die Natur ist eine seltene Sache. Es ist ein so herrlich Ding die Einsamkeit. Man ist sich wiedergegeben. Und dann die Anschauung der Natur!

Welcher Trost, welches Licht! Wie man dann befreit von allem irdischen Schlamme, wie gestimmt zu ernster Arbeit, zu größtem Fleiß! Da könnte ich vieles leisten, vieles liefern, was in der Stadt im Keime in mir erstickt war ... Welcher Abstand gegen meine Berge; dort hat der Schöpfer mit einfachen Zügen die einfachsten Gesetze geschrieben, die jeder fühlt, wenn sein Herz zur Einfalt zurückkehrt.

Die Sehnsucht nach den Bergen ließ ihn nicht mehr los, er durchwanderte die Alpen und bestieg zusammen mit seinen Freunden, die bergerfahren waren, die höchsten Gipfel. Meist begleitete ihn sein Sekretär Johann Zahlbruckner, aber auch Landschaftsmaler waren mit im Gefolge, die die Wunderwelt des Hochgebirges in ihren Gemälden anschaulich machen sollten. Denn es war in der damaligen Zeit beinah etwas Ungewöhnliches, wenn ein Mensch es wagte, die Berggipfel zu erklimmen, nach wie vor hielt sich der Glaube im einfachen Volk, dass auf den Kuppen und Spitzen die Geister spukten. Deshalb gab es auch kaum Wege und Stege, ganz zu schweigen von den fehlenden Unterkunftshütten. Ein Marsch in ein abgelegenes Tal oder gar auf einen Berggipfel war ein Abenteuer auf Leben und Tod. Deshalb kann man sich vorstellen, welches Aufsehen der adelige Herr mit seiner Lust am Wandern und Bergsteigen erregte, wobei man die körperlichen Anstrengungen, denen er sich aussetzte, wahrscheinlich am meisten bewunderte. Man war nicht gewöhnt, dass hohe Herrschaften, die höchstens in den Parkanlagen spazierten, längere Distanzen zu Fuss zurücklegten. Erzherzog Johann wurde deshalb durch seine weiten Wanderungen, auf denen er sich von den Zuständen im Lande informierte, zu einem echten Vorbild, denn so mancher beschloss, es ihm gleichzutun, vor allem als bekannt wurde, dass Johann den Auftrag erteilt hatte, Berghütten für die Wanderer zu errichten. In der Nachschau kann man mit Fug und Recht behaupten, dass der Erzherzog der Vater des Alpinismus war, wenn nicht gar des Tourismus in den Alpenländern. Leider war es ihm nicht mehr vergönnt, die Gründung des Österreichischen Alpenvereins im Jahre 1862 zu erleben.

Obzwar für den kaiserlichen Bruder Franz unverständlich, suchte Johann jede Gelegenheit, Wien den Rücken kehren zu können, vielleicht auch weil Franz nicht davon abließ, Heiratspläne für den Bruder zu schmieden. Immerhin war Johann ein halbwegs attraktiver Mann, als Sohn, Bruder und Neffe der verschiedenen Kaiser war er zudem eine der besten Partien in Europa. Eine Zarentochter war genauso im Gespräch wie eine württembergische und eine englische Prinzessin, aber es war für diese Damen beinahe unmöglich, Gnade in den Augen des Erzherzogs zu finden, der sich ein Leben in Wien in luxuriöser Umgebung, wie es sein Bruder Carl mit seiner Frau führte, nicht vorstellen konnte. Carl war durch das Erbe seines Onkels Albert von Sachsen, der mit seiner Gemahlin Christine, der Lieblingstochter Maria Theresias kinderlos geblieben war, steinreich geworden. Mit diesem Geld ließ er sein eher bescheidenes Palais zu einem Prunkbau ausstatten, in dem sich Erzherzog Johann kaum mehr zurechtfand, wie er bedauernd bemerkte. Wie viel Not der Bauern hätte man mit dem Reichtum, der dem Bruder in den Schoß gefallen war, lindern können! Von seinem eigenen Erbteil von 200 000 Gulden kaufte er 1818 den Brandhof in der Steiermark, den er nach seinen Vorstellungen umbauen ließ, außerdem erwarb er ein Haus sowie ein Radwerk, ein Vorläufer der Hochöfen, in Vordernberg, wodurch er den Männern der Umgebung Brot und Arbeit verschaffte. 1837 kaufte er einen zweiten Schmelzofen und neun Jahre später ein Blechwalzwerk in der Nähe von Voitsberg. Durch diese Eisenbetriebe wurde er selber zum »Gewerken«. Heute würde man ihn als Großindustriellen bezeichnen, der sein Geld und seine ganze Kraft den Arbeitern der Umgebung zur Verfügung stellte. Die Idee zum Kauf der Eisenwerke war Erzherzog Johann in England gekommen, wo er zusammen mit seinem Bruder Ludwig die eisenverarbeitenden Betriebe ein Jahr lang studiert hatte.

Auf den britischen Inseln hatte er die Vor- und Nachteile einer raschen Industrialisierung hautnah erlebt. Er hatte die bettelarmen, bis an die Grenzen der Erschöpfung schuftenden Arbeiter gesehen und erkannt, dass hier die soziale Kluft noch stärker war als in der Monarchie. Ein gesunder Bauernstand verbunden mit Menschen achtender Industrie war für ihn das Ziel seiner Vorstellungen, das er in der Steiermark zu verwirklichen suchte.

Daher schritt er im Jahre 1838 zur Gründung einer »Bruderlade der Berg- und Hüttenarbeiter«, wodurch die Arbeiter im Krankheitsfalle und nach Unfällen eine gewisse Absicherung erhalten sollten. Aber nicht nur die Realität stand für den Erzherzog im Vordergrund, auch sein wissenschaftliches Interesse zeigte sich in vielen Gründungen. Herausragend war die Montanschule, die er in Vordernberg einrichten ließ, die sieben Jahre später als k. k. Bergakademie nach Leoben übersiedelte.

Die Not war groß im Lande. Die Kriege hatten die ohnedies armen Bauern noch ärmer gemacht, die durch die einzelnen Länder ziehenden Soldaten hatten den Kleinhäuslern und Leibeigenen noch die letzte Kuh aus dem Stall getrieben. Der Krieg ernährt den Krieg, so hieß es allgemein, wer aber die ausgeplünderten und um ihre ganze Habe gebrachte Landbevölkerung ernähren sollte, darum kümmerte man sich im fernen Wien kaum.

Es musste erst ein Erzherzog Johann kommen, der dem erschöpften Volk wieder Hoffnung geben konnte. Dabei war es ihm, da ihm vielfach auch die Kompetenzen fehlten, nicht möglich, alle, die Arbeit suchten, in seinen Betrieben zu beschäftigen. Ein Ziel setzte er allerdings sofort in die Tat um: Die Bauern, die er als Leibeigene miterworben hatte, erhielten sofort ihre Freiheit. Er ließ Musterbetriebe in der Steiermark anlegen, in denen er sich selber um die angebauten Pflanzen kümmerte, wobei er den Auftrag erteilte, selbst aus Brasilien Kartoffelsorten einzuführen, die besonders für ihren guten Geschmack bekannt waren. Dadurch überzeugte er die Bauern, dass diese Knolle nicht nur als Schweinefutter geeignet wäre. Der Erzherzog kannte natürlich seine Grenzen und wusste, dass er niemals auf allen Gebieten der Landwirtschaft Experte sein würde, daher informierte er sich bei Fachleuten, die ihm gute Ratschläge gaben. So erfuhr er, dass auch der Mais die Grundlage für kräftige Speisen sein konnte, den er aus den Vereinigten Staaten von Amerika importieren ließ. Die Frauen zerrieben die Körner, versetzten sie mit verschiedenen Flüssigkeiten und erhielten so ein Gericht, das heute als steirischer Sterz bekannt ist. Kaum ein Koch, der in unserer Zeit den Sterz als delikate Speise wiederentdeckt und als Sensation in seine Kreationen aufgenommen hat, weiß, dass der Schöpfer dieser steirischen Nationalspeise Erzherzog Johann gewesen war!

Die Entwicklung der Landwirtschaft lag Johann besonders am Herzen, denn für ihn war es wichtig, dass die Not im Lande einmal ein Ende nehmen sollte. Schon auf seinem Gut in Thernberg in Niederösterreich hatte er neue landwirtschaftliche Ideen verwirklichen lassen und setzte dies auf dem »Brandhof« fort. Damit hatte er endlich die ersehnte Wahlheimat gefunden, die Steiermark und ihre Bewohner ließen ihn nicht mehr los, hier entfaltete er seine segensreiche Tätigkeit, wobei ihm die Erkenntnisse, die er in Niederösterreich gewonnen hatte, sehr zugutekamen.

Schon bald zeichnete sich ab, dass die Steiermark in dem reformfreudigen Erzherzog einen echten Wohltäter gefunden hatte. Dabei spielte natürlich seine jahrelange unwandelbare Liebe zu der Postmeisterstochter aus Bad Aussee, zu Anna Plochl, eine entscheidende Rolle. Johann hatte sich erfolgreich seinen Junggesellenstatus erhalten, es war ihm gelungen, alle Heiratsprojekte, die der Kaiser vorgeschlagen hatte, abzuwehren, als wüsste er instinktiv, dass für ihn nur ein Mädchen vom Lande, aus der Steiermark, als Frau fürs Leben in Frage kam.

Johann war kein Jüngling mehr, als er die fünfzehnjährige Anna kennenlernte und sich in sie verliebte. Er wusste sofort, dieses Mädchen war die Liebe seines Lebens, wobei er natürlich keinerlei Vorstellung hatte, wie sich diese Liebe entwickeln würde. Denn einerseits war Anna noch ein halbes Kind und andererseits war die Heirat zwischen einer Postmeisterstochter und einem habsburgischen Erzherzog etwas geradezu Abwegiges. So etwas hatte es im Hause Habsburg noch nie gegeben, denn immerhin hatte im 16. Jahrhundert der Sohn Kaiser Ferdinands I. ein Mädchen aus der angesehenen Kaufmannsfamilie der Welser geheiratet, die den Habsburgern immer wieder in finanziell brenzligen Situationen aushalf und bei der die Herrscher des Öfteren in der Kreide standen. Daher wurde Philippine zwar nicht als ebenbürtige Braut anerkannt, aber auch nicht an den Pranger gestellt. Der Kaiser verfügte nach Bekanntwerden der heimlichen Hochzeit seines Sohnes Ferdinand, dass diese Ehe als morganatisch angesehen werden sollte, das heißt, Philippine Welser und ihre Kinder waren nicht erbberechtigt!

Jetzt stand eine Postmeisterstochter aus Aussee als Schreckgespenst vor den Augen des Kaisers. Auch die anderen Angehörigen des Hauses Habsburg waren entsetzt über die Wahl Johanns. Wie konnte er ihnen antun, Schwager oder Schwägerin einer Postmeisterstochter zu werden? Am allermeisten mokierte sich die vierte Gemahlin von Kaiser Franz, Karoline Auguste, über diese untragbare Liaison, die Johann durch den Segen der Kirche legalisieren wollte. Denn niemand ging davon aus, dass der Erzherzog in seinen Jahren den jugendlichen Reizen Annas widerstanden hatte. Für eine Affäre hätte man vonseiten der Familie Verständnis aufgebracht, waren Amouren zwischen Erzherzogen und Mädchen aus dem Volk beinah gang und gäbe, aber dass Johann die kleine Postmeisterstochter zum Altar führen wollte ... Man verstand die Welt nicht mehr!

Kaiser Franz, der die Hartnäckigkeit seines Bruders kannte, versuchte lange Zeit hindurch Johann auszuweichen, indem er eine endgültige Entscheidung in dieser Angelegenheit so lange wie möglich hinauszögerte.

Er hatte viele Gründe, Johann sein Einverständnis zu verweigern. Denn durch seine Liebesgeschichte mit einem einfachen Mädchen war Johann weit über die Steiermark hinaus ungewöhnlich populär geworden, sodass der Kaiser fürchten musste, dass es eventuell zu einer Ausrufung des Erzherzogs zum Regenten kommen könnte. Durch die unsinnigen Polizeimaßnahmen, die auf das Konto des Staatskanzlers Metternich gingen, wurde die Unzufriedenheit im Volk geschürt, sodass man vielerorts in Johann einen Mann sah, der die Zukunft grundlegend verändern konnte. Mit einer Frau aus einfachsten Kreisen an seiner Seite würde ihm die Unterstützung des Volkes sicher sein.

Lange Zeit hoffte man in Wien, dass der Erzherzog Anna zu seiner Geliebten machen würde, denn seltsamerweise waren gerade über Johann zahlreiche Gerüchte im Umlauf, dass er der Vater einer großen »natürlichen« Kinderschar sein sollte, die auf den verschiedenen steirischen Almen gezeugt worden war. Bedachte man aber die beinahe sittenstrenge Einstellung des Erzherzogs, so hätte man sich auch damals ein derart ausschweifendes sexuelles Leben bei ihm kaum vorstellen können. Johann war in die Jahre geraten, ohne dass ihm eine konkrete Affäre nachgesagt werden konnte. Daher schlug jetzt seine Bitte an den Kaiser, ein Mädchen aus dem Volk heiraten zu dürfen, wie eine Bombe ein.

Am 9. August 1821 während eines Spazierganges in der Nähe von Irdning machte der Bruder des Kaisers Anna Plochl mit einfachen Worten einen Heiratsantrag: »Nani, ich lasse nicht von Ihnen.« Er selber beschrieb seine Situation in seiner Autobiografie »Der Brandhofer und seine Hausfrau«, wobei ihm bewusst war, welche Schwierigkeiten durch diesen Entschluss auf sie beide zukommen würden. Seine Position bei Hofe war ohnedies angeschlagen, jetzt aber wurde er zur Person, über die nur Spott und Hohn vonseiten des Adels gegossen wurde. Wahrscheinlich hätten diese Reaktionen Erzherzog Johann kalt gelassen, hätte er nicht fürchten müssen, dass die Metternich'sche Polizei seine Anna und auch die Familie des Postmeisters verfolgen würde. Er hatte nicht nur sich in eine beinah aussichtslose Situation gebracht, auch der redliche Vater Plochl wurde in die Affäre, die schon sehr bald in der gesamten Monarchie die Runde gemacht hatte, mit hineingezogen. Nur eine offizielle Heirat konnte den Ruf der Familie wiederherstellen.

Zwei Jahre stellte sich Kaiser Franz den Wünschen seines Bruders gegenüber taub, dann ließ er sich zu einem Gespräch herab, in dem Johann Gelegenheit hatte, seinem Bruder die Beweggründe seines Handelns vorzutragen. Dies bedeutete zwar, dass sich Franz nach dem Aussehen Annas erkundigte, alles andere schien ihn wenig zu interessieren, so wie er nie für die Pläne seines genialen Bruders aufgeschlossen gewesen war. Aber am Ende der Unterredung schien Johann sein Ziel erreicht zu haben, der Kaiser unterzeichnete das Schreiben mit der Bitte um Ehegenehmigung im Februar 1823, nachdem er das Papier sorgfältig studiert und ausgebessert hatte. Er erklärte:

> *Ich erteile Dir hiemit meine Zustimmung, jedoch nur unter der ausdrücklichen Bedingnis, daß dadurch weder ihr noch den aus dieser Ehe entstehenden Kindern ein Anspruch von was immer für eine Art auf Deinen Namen, Stand und Versorgung vonseiten des österreichischen Staates und vonseiten unseres Hauses erwachsen dürfe.*

Johann hatte sein Ziel erreicht, die Hochzeitsglocken hätten läuten können, wäre nicht auch er wie sein kaiserlicher Bruder von zögerlicher Natur gewesen. Vielleicht fehlte ihm auch die Spontaneität der Jugend, dass er sofort zur Tat geschritten wäre. Er ließ sich Zeit und bedachte dabei nicht, dass es sich der Kaiser vielleicht anders überlegen könnte. Und so geschah es auch!

Nicht nur war Johanns Bruder Ludwig dazu ausersehen, dem Erzherzog die Ehe mit Anna Plochl noch einmal auszureden, man verbreitete über Anna die böswilligsten

Tratschereien, die Johann nicht müde wurde, zu entkräften, aber zum endgültigen Schritt konnte er sich nicht entschließen, da er den Willen des Kaisers kannte. Erst als Annas Vater ihm drohte, die Tochter nach Graz zu schicken, um sie aus dem Dunstkreis des Erzherzogs zu entfernen, entschloss er sich zu einer höchst merkwürdigen Aktion. Er holte Anna zuerst in sein Haus in Vordernberg und später auf den Brandhof als seine »Hausfrau«. Jahrelang wohnten sie unter einem Dach, wobei die Gerüchte nicht verstummen wollten, dass ein Priester die beiden heimlich getraut hatte.

Dem Wiener Hof blieb diese eigentümliche Situation nicht verborgen, aber erst als Kaiser Franz anlässlich einer Fronleichnamsprozession die eventuelle Schwägerin von Angesicht zu Angesicht gesehen hatte, gab er endlich sein »Placet«. Am 18. Februar 1829 um elf Uhr nachts heiratete der »steirische Prinz« Erzherzog Johann in der Kapelle des Brandhofes endlich seine Postmeisterstochter.

Dem manchmal von Melancholie und Depressionen befallenen Mann war ein Stein vom Herzen gefallen. Jetzt konnte er sich wieder voll und ganz seinen Plänen widmen, von denen zu dieser Zeit schon so mancher verwirklicht worden war. Denn 1829 war die Kaiser Ferdinand Nordbahn Wien–Brünn eröffnet worden, sodass Johann hoffen konnte, dass auch seine Idee von einer Eisenbahn über den Semmering verwirklicht werden würde, obwohl man zunächst auf die Nicht-Machbarkeit dieses Projektes hinwies, denn die Steigung über diesen Gebirgspass schien für alle Lokomotiven zu stark. Erzherzog Johann gab den Plan nicht auf, denn er wollte unter allen Umständen eine Bahnverbindung quer durch die Steiermark, denn für ihn war ein fähiges Transportmittel für die zukünftige Entwicklung des Landes von größter Bedeutung. Durch den genialen Techniker Carl Ritter von Ghega gelang es, die Semmeringbahn zu verwirklichen, wodurch es möglich war, Industrie- und landwirtschaftliche Produkte schnell in die Hauptstadt zu liefern.

Der Erzherzog war sich dessen bewusst, dass er immer und überall direkt mit den Menschen in Kontakt kommen musste, um deren Probleme lösen zu können. Deshalb gründete er verschiedene Gesellschaften, wie die Landwirtschaftsgesellschaft, in der die Bauern mit Sitz und Stimme vertreten waren. Es gab nur gleiches Stimmrecht, sowohl für die Grundherren als auch für die Bauern. Abgestimmt wurde geheim, sodass niemand irgendwelche Sanktionen fürchten musste. In Windeseile entstanden fünfzig Filialen in der Steiermark mit insgesamt dreitausend Mitgliedern, die alle gleichberechtigt waren. Und da Erzherzog Johann auf seinen Besitzungen, zuerst in Stainz, dann überall, die Leibeigenschaft abstellte, stand einem freien Bauernstand nichts mehr im Wege.

Wie sehr sich Erzherzog Johann selbst mit Dingen beschäftigte, die nicht in sein Wissensgebiet fielen, zeigt die Reformierung des Weinbaues in Pickern in der Nähe von Marburg, wo Johann eine Bauernhube und einen Weingarten gekauft hatte. Bis 1822 hatten die Bauern eigentlich nur Rebsorten angebaut, die eine lange Tradition in der Steiermark hatten.

Der Erzherzog, der sich mit den verschiedenen Weinen auskannte, brachte sie dazu, auch andere Sorten anzupflanzen, wobei die Weinstöcke nicht mehr wild durcheinander wachsen sollten, sondern geordnet, damit die Sonne die Beeren optimal reifen konnte. In der Winzerschule in Pickern, die er 1832 gründete, konnten die Weinbauern ihr Wissen vervollständigen.

Der steirische Prinz

Um ihnen aber anschaulich zu zeigen, welche Sorten im steirischen Klima am besten gediehen, ließ der Erzherzog 1834 einen Musterweingarten mit Reben aus der ganzen Welt am Plabutsch in der Nähe von Graz anlegen.

Im Jahre 1830 besuchte Kaiser Franz mit seiner Tochter Marie Louise und deren Sohn Franz, der den Titel »Herzog von Reichstadt« führte und damals schon von Krankheit gezeichnet war, den Bruder in seinem Herrschaftshaus, das Johann 1828 in Pickern hatte errichten lassen. Nach einem Spaziergang durch die Weinberge pflanzte der 19-jährige Sohn Napoleons einen Weinstock. Nur ein Jahr später starb der vielversprechende Jüngling. Als Erzherzog Johann von seinem frühen Tod erfuhr, ließ er neben dem Rebstock ein Kreuz aus Rasen legen, zur Erinnerung an einen Mann, der durch seine Herkunft am Wiener Hof keine Chancen gehabt hatte.

Erzherzog Johann war, das kann man mit Fug und Recht behaupten, sicherlich derjenige im Hause Habsburg, dessen Sozialreformen am meisten Erfolg hatten. Denn heute noch basieren verschiedene Organisationen auf seinem Gedankengut, wie das Joanneum in Graz, dessen Grundstein er 1811 in der steirischen Hauptstadt legte, wobei er den Gedanken verfolgte, dass hier ein Museum, aber auch gleichzeitig eine Lehranstalt entstehen sollte. Er schenkte dieser Institution seine umfangreiche Sammlung, die er zeit seines Lebens zusammengetragen hatte. Die steirischen Landstände kauften auf seine Anregung hin den »Lesliehof«, um die Objekte des Erzherzogs würdig zur Schau stellen zu können. Johann konnte in dieser Zeit noch nicht ahnen, dass schon 1827 aus dem Joanneum die Grazer Universität hervorgehen würde, die nicht nach ihm, sondern nach seinem Bruder Franz benannt werden würde. Erst sein Neffe Ferdinand I., der nach dem Tode seines Vaters Kaiser wurde, zeichnete ihn für seine wissenschaftlichen Verdienste aus. Erzherzog Johann wurde zum Kurator der Akademie der Wissenschaften ernannt.

Es war für die Entwicklung der Steiermark von großer Bedeutung, dass die Anregungen, die Erzherzog Johann auf fast allen Gebieten darbot, auf fruchtbaren Boden fielen. Durch seine Heirat mit Anna Plochl war er zu einem echten Sohn der Steiermark geworden, der schon zu Lebzeiten in Liedern und Gedichten bewundert und verehrt wurde. Selbst dem einfachsten Menschen war der »steirische Prinz« auf Schritt und Tritt präsent, er war nicht ein papierener, blutleerer Herrscher wie der Kaiser, er sorgte für sein Volk in vielerlei Hinsicht.

Dabei galt sein Handeln in erster Linie den sozial Schwachen, den vom Schicksal Benachteiligten. In einem Brief an Anna Plochl drückte er seine Empfindungen nach einem Fest im Hause Metternich sehr drastisch aus:

Wie kann man fröhlich sein, wenn so viele Tausende bedrängt sind? Während hier das Teuerste verfressen und versoffen wird, alles in Silber und Gold prangt, Hunderte von Kerzen verbrennen, um eine gezwängte Lustbarkeit zu beleuchten, während viele Kleider, die ein großes Geld zum Teil nach dem Ausland brachten, an einem Abend verdorben werden, weint mancher biedertreue Hausvater bei seiner Milchsuppe und seinem schwarzen Brot, oft nicht hinreichend für seine Kinder, sie satt zu machen, erschöpft von der Arbeit …

Johann forderte mit Vehemenz eine gerechte, eine gleiche Verteilung der Lasten. Er konnte die Gleichgültigkeit, die Ignoranz der Regierenden nicht mehr ertragen. Denn die

Der steirische Prinz

Augen vor dem Elend der Massen zu verschließen, galt für ihn als Angelpunkt der politischen Dummheit und als Pulverfass für die Zukunft. Er sah in einer Aufstiegsmöglichkeit für die Tüchtigen die Voraussetzung für eine Weiterentwicklung des Staates. Nur ganz wenige Mitglieder der wohlhabenden Adelshäuser teilten die Meinung des Erzherzogs, alle übrigen zogen sich von ihm zurück und sahen in dem genialen Mann einen Halbverrückten.

Das Wirken Johanns in der Steiermark wurde allmählich auch in Deutschland bekannt, man schaute aus liberal gesinnten Kreisen bewundernd über die Grenzen. Ein deutscher Teilnehmer an einer internationalen Naturforscherversammlung, die in Graz stattfand, bezeichnete den Erzherzog als »Schutzengel des Volkes«.

Er hatte den Nagel auf den Kopf getroffen. Denn Johann versuchte an allen Ecken und Enden zu helfen, vor allem als 1831 die Cholera im Lande wütete. Keiner wusste wirklich, wie er sich vor Ansteckung dieser meist tödlichen Krankheit schützen sollte. Da wandte sich Ladislaus Pyrker, der Erzbischof von Erlau, an Erzherzog Johann und übersandte ihm einen Bericht über eine Heilmethode, von der er vernommen hatte. Johann griff den Gedanken sofort auf und ließ in der Steiermark 16 000 Exemplare verteilen, damit die Menschen überall informiert werden sollten. Der Erzbischof von Erlau hatte gewusst, an wen er sich wandte, denn Johann war bekannt dafür, dass er an den Fortschritten auf medizinischem Gebiet hochinteressiert war. Er hatte schon im Jahre 1812 den beinah revolutionären Mediziner Lorenz Chrysanth von Vest nach Graz berufen, wo Vest sich einen Namen nicht nur als Arzt machte, sondern auch als Begründer der Taubstummenanstalt, als Erforscher der Heilquellen in der Steiermark und der Modernisierung des Hebammenwesens. Vest hätte mit Unterstützung des Erzherzogs noch viele segensreiche Tätigkeiten ausüben können, wäre er nicht als politischer Hitzkopf den Metternich'schen Spitzeln aufgefallen, von denen er verhaftet wurde. Eine kleine Position in einem Militärspital war das Höchste an Gnade, die Freunde für Vest erreichen konnten.

Unter Erzherzog Johann machte die Steiermark einen Sprung in die Moderne. Neue Maschinen und technische Anlagen wurden ausprobiert und verbessert, die Brandschadensversicherung in Graz eingeführt, damit bei der ständigen Feuergefahr wenigstens ein Teil der plötzlich verlorenen Habe ersetzt werden konnte.

Obwohl es ganz gegen seinen Willen geschah, wurde der Erzherzog des Öfteren nach Wien beordert, immerhin war er Generalgeniedirektor. Wahrscheinlich glaubte Metternich, den Bruder des Kaisers besser observieren zu können, wenn er ihn in die Haupt- und Residenzstadt zitieren ließ. Obwohl Johann seine Frau auf vielen seiner Reisen mitnahm, war es ihm noch nicht gelungen, sie dem Kaiser persönlich vorzustellen. Deshalb war er froh, dass Franz eines Tages geruhte, ihm einen Besuch auf seinen Gütern bei Pickern und anschließend in Graz im Juni 1830 abzustatten. Zwangsläufig kam es zu einer Begegnung mit Anna, die vor dem Schwager sich tief verbeugte und ihm die Hand küsste.

Aber es dauerte noch weitere drei Jahre, bis diese unstandesgemäße Heirat, über die jedes Kind Bescheid wusste, auch offiziell verkündet werden durfte. Dies bedeutete, dass Anna auch in der Hofburg akzeptiert wurde. Bei einem Empfang nach Weihnachten des Jahres 1834 ließ sich Kaiserin Karoline Auguste dazu herab, die Postmeisterstochter, die zur Freiherrin von Brandhofen ernannt worden war, in die Arme zu nehmen und sie auf die Wange zu küssen!

Der steirische Prinz

Obzwar sich Johann dem Kaiser gegenüber immer loyal verhalten hatte, wenn es um politische Belange ging, hatte er ein Leben lang gehofft, doch auch mit diplomatischen Aufgaben betraut zu werden. Viel zu spät wurde er, natürlich auch auf Anraten Metternichs, der nach dem Tod von Kaiser Franz I. im Jahre 1837 nach wie vor das Heft in der Hand hielt, auf Reisen nach Russland und in den Mittelmeerraum geschickt. Was der Erzherzog allein in Griechenland erleben musste, jagte ihm den Schauer über den Rücken. Denn ohne auf die Bedürfnisse des griechischen Volkes einzugehen, regierte dort Otto, der selbstherrliche Sohn des bayerischen Königs Ludwig I.

Sicherlich hatte Erzherzog Johann im Laufe der vielen Jahre, wo er die konservativ-restaurative Politik Metternichs zähneknirschend verfolgte, die Vorstellung, dass das Volk eines Tages auf die Barrikaden stürmen würde, so wie dies einst in Paris geschehen war. Denn ein von Geburt an kranker, beinah bedauernswerter Kaiser Ferdinand I. war nicht der Mann, der einem Metternich in dessen Schalten und Walten Einhalt gebieten konnte. Das Jahr 1848 brachte die Revolution!

Am 18. Mai 1848 kam es in der Frankfurter Paulskirche zur »Konstituierenden Deutschen Nationalversammlung«, die die Aufstände überall im Lande zur Beruhigung bringen sollte. Ein erstes deutsches Parlament war entstanden, in dem die Vertreter der einzelnen Länder ohne Ansehen von Rang und Namen ihre Arbeit leisten sollten. Unter den 586 Abgeordneten befanden sich Beamte genauso wie Professoren, Gutsbesitzer, Geistliche und Literaten, wobei man allerdings nur Delegierte aus den deutschsprachigen Teilen der Monarchie akzeptierte. Man war an Erzherzog Johann mit der Bitte herangetreten, die Position eines Reichsverwesers in Frankfurt einzunehmen. Obwohl

Johann schon in die Jahre gekommen war, hatte er diese Stelle angetreten, dies aber schon nach kurzer Zeit bereut. Es war nämlich in Frankfurt zu einem Aufruhr gekommen, bei dem zwei aristokratische Abgeordnete, die auf ihren Pferden vor den Toren der Stadt ritten, von Aufständischen erschlagen wurden. Erzherzog Johann war über diesen Vorfall derart empört, dass er das Standrecht ausrufen ließ.

Seine Tätigkeit in Frankfurt war endgültig gescheitert, als man beschloss, das Habsburgerreich in einen deutschsprachigen und einen anderssprachigen Teil aufzulösen. Dazu konnte selbst ein Erzherzog Johann seine Einwilligung nicht geben, ganz zu schweigen von dem Veto, das aus Wien kam. Als der junge Kaiser Franz Joseph sich endlich entschloss, den Großonkel zurückzuberufen, fiel Johann wahrscheinlich ein Stein vom Herzen. Er konnte endlich in seine Heimat, in seine Steiermark zurückkehren, wo er vor vielen Jahren das Schloss in Stainz erworben hatte und zum Bürgermeister gewählt worden war. Hier wollte er an der Seite seiner Gemahlin, die inzwischen den Titel einer Gräfin von Meran verliehen bekommen hatte, und seines einzigen Sohnes Franz alt werden. Seltsamerweise hatte der Erzherzog verfügt, dass er nach seinem Tode nicht in der Steiermark beigesetzt werden wollte, sondern auf Schloss Schenna in Südtirol.

Als der geniale Erzherzog, der auch von Kaiser Franz Joseph sehr geschätzt wurde, am 11. Mai 1859 in Graz starb, überführte man den Leichnam nicht sofort nach Südtirol, sondern erst nach neun Jahren.

Anna Plochl, Gräfin von Meran, wurde uralt. Sie überlebte ihren Gemahl um 26 Jahre und starb in ihrer Heimat Aussee im Jahr 1885.

Der steirische Prinz

Erzherzog Johann mit seiner nicht standesgemäßen Gemahlin Anna Plochl, der späteren Gräfin von Meran, und seinem einzigen Sohn Franz.

Der einzige Sohn Franz, der im Jahre 1839 das Licht der Welt erblickt hatte, hinterließ zahlreiche Kinder und starb in Abazzia, dem heutigen Opatija, mit 52 Jahren. Die Zahl der Nachkommen des Hauses Meran ist überwältigend: Heute leben ungefähr eintausend Personen, die sich als Ahnen Erzherzog Johanns und Anna Plochls betrachten!

Der ungekrönte König von Mallorca
Ludwig Salvator

Wenn er irgendwo in einem fremden Hafen von Bord seines Schiffes »Nixe« an Land ging, wich die neugierig versammelte Menschenmenge entsetzt zurück: Zu furchterregend war das Aussehen dieses Mannes, das eher an einen Seeräuber als an einen österreichischen Erzherzog erinnerte. Aber Ludwig Salvator erstaunte die Reaktion der Bevölkerung keineswegs, meist kostete sie dem unter dem Pseudonym »Ludwig Graf von Neudorf« reisenden Mitglied des Kaiserhauses nur ein belustigtes Lächeln. Das einfache Volk hatte ja recht: So stellte man sich beileibe keinen Grafen und schon gar keinen Erzherzog vor.

Aber der zweitjüngste Sohn des Großherzogs der Toskana, Leopold II., war von klein auf ein eigenwilliger Bursche gewesen, der sich durch die strengen Vorschriften, die die Eltern den Kindern auferlegt hatten, für sein späteres Leben in keiner Weise beeinflussen ließ, vielleicht war sogar die an das spanische Hofzeremoniell erinnernde Etikette, die am Hof in Florenz herrschte, der Grund für das unkonventionelle Leben, das Ludwig Salvator, so bald ihm dies möglich war, bevorzugte. Denn seine Eltern – der Großherzog und seine aus Neapel-Sizilien stammende zweite Gemahlin Maria Antonia, die Mutter Ludwig Salvators und weiterer neun Kinder – forderten von den Söhnen und Töchtern nicht nur absolute Pünktlichkeit, sondern auch einen streng geregelten Tagesablauf, der wenig Freizeit beinhaltete. So begann der Tag auch für Ludwig Salvator mit dem Wecken in aller Herrgottsfrühe um fünf Uhr, einer Zeit, wo andere sich noch genüsslich im Bett umdrehten. Nach einer peinlich überwachten Morgentoilette wurden die Kinder zum Vorzimmer der Eltern gebracht, die Buben warteten auf der einen Seite, die Mädchen auf der anderen, bis der Zeremonienmeister die Flügeltüren öffnete und die Kinder in die Räumlichkeiten der Eltern eintreten durften. Der Reihe nach reichten der Vater und die Mutter ihren Sprösslingen die Hand zum Kusse, ohne jegliche Begrüßung und ohne ein liebevolles Wort. Nachdem alle Hände geküsst waren, wurde ein karges Frühstück eingenommen, das aus Kaffee für die Erwachsenen, Milch und Butterbrot für die Kinder bestand. Dass während des Essens kein Wort gewechselt werden durfte, war geradezu eine Selbstverständlichkeit. Und da in den Vorstellungen des Großherzogs und seiner Gemahlin Morgenstund' Gold im Mund hatte, war es nach dem Morgenimbiss an der Zeit, dass die Kinder ihren Lehrern übergeben wurden, die sie in die Welt der Naturwissenschaft einweihen sollten, auf die der Vater, den die Erkenntnisse der Physik am meisten begeisterten, besonderen Wert legte. Aber auch die Sprachen sollten nicht zu kurz kommen. Und da Ludwig Salvator ein besonders sprachbegabter Mensch gewesen sein muss, dem in späteren Jahren nachgesagt wurde, dass er vierzehn Sprachen in Wort und Schrift beherrschte, war für ihn das Erlernen allein der Sprachen der Monarchie ein Kinderspiel. Dabei konnte die Sprachbegabung nur von der väterlichen Seite herrühren, denn die Mutter redete in einem schauerlichen Italienisch, das eher an den neapolitanischen Dialekt als an die Sprache Dantes erinnerte. Sie hatte längst bemerkt, dass man sie auch im Familienkreise nur schwer verstehen konnte, und kam daher zur Überzeugung, dass sie sich eventuell besser in Französisch verständlich machen könnte. Da sie aber jedem Satz mit altfranzösischen Wendungen ausschmückte, die im 19. Jahrhundert durchaus unüblich waren, hatte man auch mit dieser Sprachversion die größten Schwierigkeiten. Deutsch sprach Maria Antonia überhaupt nicht, obwohl sie nach dem Tod ihres Mannes im Jahr 1870 fast dreißig Jahre am Traunsee in Schloss Orth lebte und keineswegs eine ungebildete Frau war. Aber sie sah keine Notwendigkeit darin, die Leute ihrer Umgebung im Salzkammergut zu verstehen. Ob sie dies mit einem angelernten grammatikalisch richtigen Deutsch auch hätte tun können, bleibt ohnedies dahingestellt.

Als Ludwig Salvator am 4. August 1847 das Licht der Welt erblickte, rumorte es schon längst in Italien, das damals aus mehreren Staaten bestand, die alle mit der Fremdherrschaft, die ihnen vor vielen Jahren aufoktroyiert worden war, unzufrieden waren. Selbst in der Toskana, wo der Großherzog eine absolut moderne Politik betrieb, die durch die Einführung der Gewerbefreiheit und die Trockenlegung weiter Sumpfgebiete sogar international Aufsehen erregte, war man letztlich unzufrieden. Nicht direkt mit Leopold II., aber immerhin regierten die Habsburger seit 1737 das Land und waren keine Italiener. Warum sollte es so weitergehen? Obwohl es einem gut ging, wollte man doch frei sein!

Da dem Großherzog von allen Seiten Umsturzgerüchte zu Ohren gekommen waren, verließ die Familie vorsichtshalber Florenz, bis sich die ersten Wogen geglättet hatten. Tatsächlich schien im Jahr 1849 eine Beruhigung der Verhältnisse eingetreten zu sein, sodass sich Leopold II.

entschloss, doch noch einmal in die Stadt seiner Väter zurückzukehren. Die Bevölkerung empfing ihn voller Begeisterung. Im Geheimen aber konspirierte man aber mit Garibaldi, sodass die Wellen der Revolution, die über ganz Italien geschwappt waren, schließlich auch Florenz erreichten. Hals über Kopf, ohne wirklich auf die Flucht vorbereitet zu sein, verließen Leopold II., seine Gemahlin und die Kinder den Palazzo Pitti, wo er so viele Jahre zum Segen der Bevölkerung regiert hatte. Alles, was wirklichen Wert besaß, die prachtvollen Gemälde, das kostbare Porzellan, ja selbst der erlesene über Generationen vererbte Familienschmuck, blieb zurück, wie arme Leute zogen der einstige Regent und seine Familie aus der Stadt am Arno. In der Hast des überstürzten Aufbruchs hatte man sogar auf die Kleinkinderwäsche vergessen, sodass man froh sein musste, irgendwo unterwegs Wäsche für die Familie kaufen zu können. Für die Kinder war die Flucht wahrscheinlich ein aufregendes Abenteuer, das erste große im Leben Ludwig Salvators, dem noch so viele folgen sollten.

Das größte Problem für Flüchtlinge ist meist, dass sie nicht wissen, wo sie eine neue Bleibe finden werden. Diese Sorge hatten die Florentiner als Mitglieder des Erzhauses natürlich nicht, die Monarchie war reich an Plätzen, die als Exil geeignet waren. Leopold wählte für sich und seine Familie, nach Absprache mit Kaiser Franz Joseph, Schloss Brandeis in Böhmen, in dessen Nähe sich die Kleinstadt Schlackenwerth befand. Hatte so mancher geglaubt, der einstige Großherzog, einer der mächtigsten Männer Italiens, würde sich nun in dem düsteren böhmischen Schloss auf sein Altenteil zurückziehen und sich höchstens der Erziehung seiner zahlreichen Kinder widmen, der hatte sich gründlich getäuscht. Zwar hatte er die große Politik nicht mehr im Auge, dennoch kümmerte sich Leopold jetzt um das Wohl seiner Wahlheimat. Und da erkannte er mit klarem Blick, dass es in Schlackenwerth an allen Ecken und Enden mangelte, vor allem war eine unbestechliche Führung der Stadt dringend vonnöten. Es gab hier viel zu tun. Als man in der Stadtgemeinde Schlackenwerth hellhörig wurde und merkte, welcher Fachmann in der Nachbarschaft wohnte, kam die Bevölkerung auf die Idee, den Großherzog zu bitten, das Bürgermeisteramt in der Stadt zu übernehmen. Und was niemand so richtig geglaubt hatte, trat ein: Aus dem Großherzog der Toskana wurde ein äußerst fähiger Bürgermeister der Kleinstadt, der nicht nur das Rathaus renovieren und die verwahrlosten Straßen der Stadt neu pflastern ließ, damit man bei Regen nicht im Morast versank, er revitalisierte auch das baufällige Gymnasium und schuf so auch für unbemittelte, intelligente junge Leute die Möglichkeit, sich die nötigen Kenntnisse anzueignen, damit sie im späteren Leben bessere Chancen hatten. Ganz besondere Verdienste aber erwarb sich der Großherzog nach dem großen Brand der Stadt im Jahre 1866, als die Stadt gleichsam vor dem Ruin stand. Leopold zögerte nicht lange, er griff in die Privatschatulle, die mittlerweile durch die Großzügigkeit des Kaisers gut gefüllt war, und stellte Schlackenwerth eine beträchtliche Summe zum Wiederaufbau zur Verfügung.

Neben seiner politischen Tätigkeit kümmerte er sich selbstverständlich um seine Familie, wobei er zunächst mit Wohlgefallen feststellen konnte, wie prächtig die Kinder gediehen. Ludwig Salvator erhielt eine umfassende Ausbildung in Prag, wo er sich – wie hätte es bei dem väterlichen Erbe auch anders sein können – besonders für die Naturwissenschaften in all ihren Facetten interessierte. Man könnte die Lehrjahre des jungen Erzherzogs mit Fug und Recht als *studium generale* bezeichnen, wobei er aber auch als Volontär der Statthalterei von Prag praktizierte, denn niemand konnte zu dieser Zeit wissen, welche Aufgaben ihm einmal von Kaiser Franz Joseph zugeteilt werden würden. Einzig und allein zum Kriegsdienst schien der junge Mann nicht geschaffen – obwohl er dem Erzhaus entstammte, brachte er es karrieremäßig nur bis zum Obersten, keineswegs eine Glanzleistung!

Dagegen entwickelte Ludwig Salvator schon sehr bald ein beachtenswertes Zeichentalent und so mancher Passant war verwundert, ihn mitten auf der Straße stehen zu sehen, um die Ereignisse an Ort und Stelle auf das Papier zu bannen. Auf diese Tätigkeit angesprochen, meinte er, dass nur dann eine Sache wirklich komplett sein konnte, wenn man sie in Wort und Bild wiedergeben könne. Im Laufe seines Lebens fertigte der Erzherzog Skizzen und farbenprächtige Bilder aus aller Welt an, die eine große Begabung bewiesen.

Ludwig Salvator hatte das Glück, einen verständnisvollen Vater gehabt zu haben, der in seiner intelligenten Art die Ambitionen seines Sohnes in jeder Hinsicht förderte. Das traurige Gegenbeispiel sah man im Kaiserhaus: Kaiser Franz Joseph vermochte in seiner starren Geisteshaltung seinen hochintelligenten einzigen Sohn Rudolf nicht nur nicht zu verstehen, sondern blockierte ihn, wo er konnte. Für Rudolf war es ausgeschlossen, eine Universität zu besuchen, wie das für die Angehörigen des Adels durchaus üblich war. Denn beide Söhne Helenes, der Schwester Kaiserin Elisabeths, unterzogen sich an verschiedenen Universitäten einem *studium generale*, auch König Ludwig I. von Bayern hatte als Kronprinz an der Universität Landshut studiert. Der österreichische Kaiser nahm seinen Sohn, der für seine Forschungen auf dem Gebiet der Ornithologie Bedeutendes geleistet und dafür in die

Österreichische und Ungarische Akademie der Wissenschaften aufgenommen worden war, in keiner Weise ernst. Rudolf war für seinen Vater als Kind ein »Krepiererl« gewesen und wurde später zu einem »Plauscherl« abgestempelt. Kein Wunder, dass der frustrierte junge Mann seine politischen Ideen seinem Freund, dem Verleger Moriz Szeps, meist in verschlüsselter Form übermittelte, denn der Kaiser durfte von vielen Dingen nichts erfahren. Schon in jungen Jahren war der Gedanke, einmal Kaiser werden zu müssen, für Rudolf unerträglich. Er sah sich, wie er selber schrieb, einmal als Präsident in einem freien Staat, in einer Republik.

Ludwig Salvator hatte ein Leben lang die besseren Karten als sein Verwandter Rudolf, auf den Schultern des zweitjüngsten Sohnes des im Exil lebenden Großherzogs lastete nicht die geringste Verantwortung. Und auch für seinen kaiserlichen Onkel war er in jeder Hinsicht uninteressant, sodass er mit der Apanage von 100 000 Kronen, die er aus dem Familienfond jährlich erhielt, finanziell gut abgesichert war und eigentlich tun und lassen konnte, was er wollte. Und da es ihn wie fast alle jungen habsburgischen Erzherzöge mit Macht aufs Meer hinauszog, begann er schon sehr früh mit seinen Seereisen, von denen er akribisch genau berichtete. Den ersten Artikel, den er über Venedig verfasste, widmete er der Kaiserin Elisabeth. Obwohl der Erzherzog zehn Jahre jünger war als die schöne Kaiserin, fühlten sich beide in vielerlei Hinsicht seelenverwandt. Die exzentrische Gemahlin Kaiser Franz Josephs beneidete Ludwig Salvator sicherlich um die Ungebundenheit und um die Möglichkeiten, sich über alle Konventionen hinwegzusetzen und sein Leben so zu gestalten, wie er es für richtig hielt. Dabei kam Elisabeth nicht in den Sinn, dass sie selber eine ganz andere Stellung bekleidete als ein unbedeutender Erzherzog, der sich letztlich nur in einem Punkt an die sturen Hausgesetze zu halten hatte. Einzig und allein bei der Wahl seiner Gattin konnte er nicht nach Lust und Laune entscheiden, hier hatte der Kaiser ein gewichtiges Wort mitzureden. Denn nur Prinzessinnen aus ahnenträchtigen Familien wurden von Franz Joseph akzeptiert.

Aber damit hatte Ludwig Salvator auch keine Probleme, denn die Gerüchte, dass er angeblich mit Erzherzogin Mathilde, der Tochter Erzherzog Albrechts, verlobt gewesen sei, erwiesen sich letztlich als haltlose Tratscherei. Andere Informanten wollten wissen, dass das schöne Mädchen, das durch einen tragischen Unfall ums Leben gekommen war, längst schon dem Kronprinzen Umberto von Sardinien-Piemont versprochen gewesen war. Vielleicht war der tragische Unfall, der sich vor Ludwig Salvators Augen abgespielt hatte, der Grund, dass er niemals in Erwägung gezogen hatte, sich ein Leben lang an einen Menschen zu binden. Mathilde war nämlich ein Mädchen gewesen, das sich genauso wenig wie der Erzherzog den veralteten Moral- und Etikettevorschriften beugen wollte. In Ludwig Salvator sah Mathilde gleichsam einen Verbündeten, in dessen Gegenwart sie es wagte, zu rauchen. Als sie sich eines Tages gerade eine Zigarette angezündet hatte, erschien völlig überraschend ihr Vater. In Panik versuchte sie, die glimmende Zigarette unter ihrem Kleid zu verstecken, wobei das feine Material augenblicklich Feuer fing und das Mädchen in Sekundenschnelle wie eine brennende Fackel dastand. Ludwig Salvator und der Vater versuchten die Flammen zu löschen, aber jede Hilfe kam zu spät.

Wahrscheinlich wäre der junge Erzherzog auch niemals ein guter Ehemann geworden, viel zu unstet war sein Leben und zu vielfältig gestalteten sich seine Interessen.

Auch bei Frauen. Denn auf der Insel Mallorca, dem späteren Lieblingsdomizil Ludwig Salvators, berichtete man nicht nur zu seiner Zeit von Dutzenden Mädchen, die dem keineswegs verführerischen Erzherzog nicht widerstehen konnten, und von über hundert Kindern, die ihn seinen Vater nannten. Sicherlich ging Ludwig Salvator den Weg des geringsten Widerstandes, indem er sich überhaupt nicht ehelich band. Er war auf alle Fälle schlauer als sein Bruder Johann Salvator, der für seine bürgerliche Milli Stubel auf Amt und Gelder aus dem Erzhaus verzichtete.

Für Ludwig Salvator war der verlorene Krieg 1866 geradezu schicksalhaft, denn ab diesem Zeitpunkt fanden die österreichischen Erzherzoge in der Verwaltung der Kronländer keine Aufgabe mehr. Ludwig Salvator war daher ein freier Mann, der seine Interessen ganz ausleben konnte. Den Kaiser und den Wiener Hof besuchte er nur ab und zu, wenn bestimmte Anlässe seine Anwesenheit unbedingt erforderten. Sein Auftritt bei Hofe war geradezu theaterhaft, denn die an der Etikette klebenden Hofschranzen rümpften schon von Weitem die Nase, wenn sie den Erzherzog erblickten, denn der Mann, der vom Kaiser und der Kaiserin persönlich empfangen wurde, sah keineswegs audienzfähig aus. Eher wie ein Landstreicher! Die vorgeschriebene Uniform war fleckig und abgerissen, die Manschetten in Ermangelung geeigneter Manschettenknöpfe mit Spagat zugebunden, dazu hielt es Ludwig Salvator für überflüssig, sich zu rasieren und das strähnige Haar zu kämmen! Aber selbst der sittenstrenge und stets auf Zeremoniell und Etikette achtende Kaiser hatte eine Schwäche für diesen Verwandten, bei ihm nahm er das absolut unvorschriftsmäßige Äußere in Kauf. Und die Kaiserin amüsierte sich sicherlich heimlich über den originellen »Cousin«.

Vielleicht hatte auch Kaiser Franz Joseph, der im Allgemeinen nicht besonders feinfühlig in seinen Reaktionen war, erkannt, welch genialer Geist in diesem seltsamen Vetter steckte, denn anders ist es kaum zu erklären, dass der Kaiser alle »Marotten« Ludwig Salvators so ohne Weiteres hinnahm. Aber ihm war von den interessanten Forschungen des Erzherzogs auf denn verschiedensten Wissensgebieten berichtet worden, die sich von neuen zoologischen Erkenntnissen bis hin zur Erforschung unbekannter Inseln im Mittelmeer und im Atlantik erstreckten. Und alles, was Ludwig Salvator beobachtete und entdeckte, brachte er akribisch durch seine Zeichenkunst zu Papier und untermalte das Dargestellte durch druckreife Texte, die seine literarische Begabung verrieten. Dabei war es unerheblich, ob es sich um alte Trachten handelte, die er in seiner Zeichensammlung »Die Serben an der Adria. Ihre Typen und Trachten« als historisches Dokument festhalten wollte, da er bedauernd feststellte, dass die alten Traditionen in Europa immer mehr modernen Einrichtungen wichen, oder um Berichte über das Leben auf der Insel Helgoland.

Die weite Welt war für den nach Freiheit strebenden Erzherzog zum Zuhause geworden und alles, was mit der Seefahrt irgendwie in Verbindung gebracht wurde, fand seine ungeteilte Aufmerksamkeit. So konnte es nicht ausbleiben, dass er, der zu Lande als unbedeutender Erzherzog keine wichtige Funktion würde innehaben, bei seinen Eltern vorstellig wurde und sie bat, ihm beim Kauf eines eigenen Schiffes behilflich zu sein. Er stieß nicht auf taube Ohren und konnte tatsächlich eine Fregatte erwerben, die er auf den Namen »Nixe« taufte. Dass sie später als »Nixe I« auf dem Meeresgrund landen würde, war zu dem damaligen Zeitpunkt natürlich nicht vorhersehbar.

Kaum hatte er sich für dieses Schiff entschieden, wurde die »Nixe« beinah luxuriös ausgestattet, denn wenn auch Ludwig Salvator für sich ein Leben lang die Einfachheit bevorzugte, so wollte er doch für seine Mannschaft und auch für eventuelle Gäste vorsorgen. Sie sollten sich auf der »Nixe« wie zu Hause fühlen, nur dann war gewährleistet, dass sie dem Erzherzog für einige Zeit Gesellschaft leisteten. So waren auf dem Schiff nicht nur die Kabinen geräumig, man konnte einander auch in einem eleganten Salon zum Tee treffen und hier gemütlich eine Zigarre rauchen.

Die Besatzung des Schiffes gab für viele Anlass zu seltsamen Munkeleien, denn bei genauerer Betrachtung konnte man in den Matrosenuniformen auch so manches weibliche Wesen erkennen, da der Erzherzog sich anscheinend schwer in seinen wirklichen Neigungen entscheiden konnte. Außer der gemischten Gesellschaft waren auch jede Menge Tiere an Bord, sodass es in einigen Häfen hieß, die Arche Noah wäre eingetroffen.

Für Ludwig Salvator war das Schiff eine eigene Welt, in der er seine Vorstellungen vom Umgang mit anderen Menschen verwirklichen konnte, denn der habsburgische Erzherzog war nicht etwa der *primus inter pares*, er stellte sich mit dem jüngsten Schiffsjungen gleich. Alle hatten alle Aufgaben zu bewältigen, es gab keine Rangunterschiede und keine Präferenzen. Ludwig Salvator praktizierte auf seinen beiden Schiffen – der »Nixe I« sollte noch eine »Nixe II« folgen – die absolute Gleichheit aller Menschen, eine Philosophie, die er ein Leben lang überall, wohin er kam, vertrat und zu verwirklichen suchte. Wurde er auch manchmal belächelt, bewundert wurde er auf alle Fälle, von manchen aber auch unverstanden. Denn wie sollten Menschen, die mit dem Dünkel der höheren

Geburt belastet waren, diese Einstellung verstehen, die man bisher nur von revolutionären Philosophen gewöhnt war!

Verstanden und sicherlich beneidet wurde Ludwig Salvator von Kronprinz Rudolf, mit dem er in regem Briefwechsel stand. Auch mit seinem Bruder Johann Salvator tauschte der Thronfolger brisante Nachrichten aus, die nicht in fremde Hände gelangen durften. Und da der Kronprinz nicht nur zur eigenen Sicherheit vor Attentätern intensiv bewacht wurde, sondern auch aufgrund seines guten Kontaktes zu Moriz Szeps von diversen Spitzeln umgeben war, kamen die Cousins auf die Idee, ihre Briefe und Botschaften zu verschlüsseln, wobei es auch für gewiefte Geheimdienstler zunächst schwierig schien, den Code zu knacken. Die Beteiligten selber besaßen natürlich eine Chiffreschablone, die bis heute erhalten geblieben ist.

Wahrscheinlich stammte die Idee der Chiffrierung von einem besonderen Freund Ludwig Salvators, von dem französischen Schriftsteller Jules Verne, der das bunte Leben des Erzherzogs in seinem Roman »Mathias Sandorf« verarbeitete. Schon der Name Sandorf, den Jules Verne seinem Helden gab, wies durch die Kombination der Namen Neu*dorf*, unter dem Ludwig Salvator reiste, und *Sa*lvator darauf hin, dass sich der Schriftsteller das abenteuerliche Leben des Erzherzogs zum Vorbild genommen hatte. Nicht nur der Name, auch der Werdegang des Helden Sandorf weist viele Parallelen zum Leben Ludwig Salvators auf. Allein der Schluss ist beinah biografisch, denn der Romanheld lebt am Ende der Geschichte auf einer Insel mit zweitausend Einwohnern als Alleinherrscher. Auch Ludwig Salvator war auf Mallorca der ungekrönte König für die Bevölkerung.

In Jules Vernes Roman verwendet der Held, um seine geheimen Botschaften schicken zu können, eine Chiffreschablone, die eine große Ähnlichkeit mit derjenigen aufweist, die Kronprinz Rudolf benützt hatte und die sich heute noch im Bundesimmobiliendepot befindet.

Die Chiffreschablone ist ein Quadrat aus sechs Zeilen und sechs Spalten. Daraus ergeben sich 36 Felder, von denen neun – unterschiedlich verteilt – ausgeschnitten sind. Diese Schablone legt man auf ein Blatt Papier und schreibt die ersten neun Buchstaben der Nachricht in die neun ausgeschnittenen Felder. Dann erfolgt eine Drehung der Schablone um neunzig Grad im Uhrzeigersinn. Dann werden die folgenden neun Buchstaben der Nachricht in die Felder eingetragen. Dies wird noch zweimal wiederholt, sodass die Schablone insgesamt viermal verwendet wird. Die 4 x 9 auf verschiedene Stellen des Blattes geschriebenen Buchstaben werden nun mit beliebigen Buchstaben zu 4 x 36 Buchstabenquadraten ausgefüllt.

Der Empfänger der Nachricht besitzt zur Dechiffrierung dieselbe Schablone, legt sie in derselben Reihenfolge auf die vier Buchstabenquadrate der übermittelten Nachricht und setzt die damit erhaltenen 36 Buchstaben zum Text zusammen.

Natürlich war es möglich, dass einzelne Berichte nicht genau mit der Zahl 36 übereinstimmten. In diesem Fall wurden die übrig gebliebenen ausgeschnittenen Felder mit X gefüllt oder mit den Buchstaben einer vereinbarten Unterschrift.

Es war eigentlich ganz und gar nichts Neues, was Ludwig Salvator, Kronprinz Rudolf, Jules Verne und viele andere verwendeten, um ihre Geheimbotschaften vor ungebetenen Lesern zu verschlüsseln. Denn schon in der römischen Antike schrieb man chiffrierte Texte, erfand dann alle möglichen Geheimschriften, bis hin zu Leonardos Spiegelschrift. Aber gerade in einer Zeit des Umbruchs, wie sie das Ende des 19. Jahrhunderts darstellte, wo sich oppositionelle Kreise immer mehr gegen die traditionsgebundene Politik eines Kaisers Franz Joseph stellten, war es angebracht, mit verdeckten Karten zu spielen.

Warum ausgerechnet Ludwig Salvator es nötig gehabt hatte, seinen Briefwechsel zu chiffrieren, ist eigentlich nicht bekannt. Denn er war alles andere als an der habsburgischen Politik interessiert, er versuchte, seine eigenen Vorstellungen von Staat und Gesellschaft auf seine Weise zu verwirklichen. Was ihm auch gelingen musste, da er weit weg von Wien und dem unmittelbaren Einflussbereich der kaiserlichen Berater war.

Je länger Ludwig Salvator das Mittelmeer befuhr und die einzelnen Inseln besuchte, umso intensiver beschäftigte er sich mit den offensichtlichen Problemen der Wasserversorgung in den karstigen Regionen. Daneben ließ er die technischen Gegebenheiten im Hafen von Bizerta an der nordafrikanischen Küste untersuchen, wo er des Öfteren schon mit seiner »Nixe« vor Anker gegangen war. Um den Verkehr zwischen Nordafrika und dem Vorderen Orient zu verbessern, entstand in ihm der Plan vom Bau einer Eisenbahnlinie von Ägypten nach Syrien, wobei er überall selbst an Ort und Stelle war und die Möglichkeiten prüfte. Den Bau der Eisenbahnlinie durch die Wüstengebiete sah er allerdings bald selber als undurchführbar an, da die Sandstürme die Gleise in kürzester Zeit zugeweht hätten.

Aber kaum hatte er diesen Plan ad acta gelegt, als ihn schon andere Visionen beschäftigten. In seinem Werk »Eine Jachtreise an den Küsten von Tripolitanien und Tunesien« schreibt er:

Die Esbekieh-Träumereien waren ausgeträumt, doch um so lebhafter trat mir der Gedanke meines alten Ideals auf – die Erbauung eines Hafens in Beyrut und des Hinleitens des ganzen syrischen Handels mittels zwei Hauptbahnadern, wovon die eine die namentlich mit Cerealien so reiche südsyrische Küste, die andere das Jordan-Tal durchziehen würde. Die Hafenbauten von Beyrut wären leichter und mithin weniger kostspielig wie jene in Jaffa, auch sprechen zugunsten Beyruts, die bereits dort angesiedelten reichen Handelshäuser, die wichtige Verbindung mit Damaskus und der Binnenhandel.

Ludwig Salvator war keineswegs ein Träumer oder Phantast. Im Gegenteil: Da er auf seinen Reisen alles genauestens festhielt, hatte er Vergleichsmöglichkeiten. Außerdem war er häufiger Gast auf allen Ausstellungen, die Neuerungen der Zeit darboten. So war es selbst für den Kaiser nicht verwunderlich, dass der Cousin ein Ansuchen an ihn stellte, die Weltausstellung in Melbourne im fernen Australien besuchen zu wollen. Obwohl Franz Joseph sich kaum Sorgen um die Sicherheit des Erzherzogs machte, verlangte er doch, dass Ludwig Salvator nur in Begleitung eines Kammerherrn reisen sollte, um die Reputation des Kaiserhauses in Australien zu wahren. Denn es konnte nicht angehen, dass ein Angehöriger des höchsten Hauses wie ein gewöhnlicher Tourist, noch dazu eher schäbig gekleidet, auf dem fernen Kontinent auftauchen würde, wenn auch Ludwig Salvator größten Wert auf sein Inkognito legen würde. Denn alles ließ sich vor der Welt nicht verbergen, auch nicht mit der besten Tarnung!

Ludwig Salvator war von der Weltausstellung fasziniert, denn hier wurde so viel Neues geboten, von dem er verschiedene Dinge in die Wirklichkeit umzusetzen gedachte. Außerdem ließ ihn eine Idee nicht mehr los: Er grübelte, wie völkerverbindend Weltausstellungen sein konnten, gerade in einer Zeit, in der die europäischen Staaten innerlich noch mehr auseinanderdrifteten. Ein friedliches Nebeneinander der Völker, das war ein

Erzherzog Ludwig Salvator war Verfasser zahlreicher Bücher über den Mittelmeerraum, in denen er Land und Leute, Natur und Bräuche meisterlich schilderte.

faszinierender Traum für Ludwig Salvator, so wie dies auf der Weltausstellung praktiziert wurde. Er selbst ging mit gutem Beispiel voran, mit offenen Augen und weitem Herzen, immer begierig, Neues zu entdecken und zu studieren. So äußerte sich der Erzherzog: »Ich behaupte immer, nie mit einem Menschen zwei Stunden gesprochen zu haben, ohne von ihm etwas gelernt zu haben; was wird man erst aus Weltausstellungen erlernen?«

Nachdem er alles, was Melbourne zu bieten hatte, gesehen hatte, zog es ihn in den Süden, auf die Insel Tasmanien, von der er wahre Wunderdinge gehört hatte. Aber die Wirklichkeit übertraf all seine Erwartungen. Er ließ sich von Insel zu Insel bringen, wo er akribisch, wie dies seine Art war, Aufzeichnungen machte, die 1886 als Buch unter dem Titel »Hobarttown oder eine Sommerfrische in den Antipoden« in Prag erschienen. Ein Werk, das nicht nur für die Geografen der Zeit von großer Bedeutung war, denn der Erzherzog verstand es, diesen fernen Teil der Erde so bunt zu malen, dass Kaiserin Elisabeth von seinen Darstellungen fasziniert war und ihren Gemahl immer wieder bat, ihr eine Reise nach Australien zu bewilligen. So sehr sich Franz Joseph ein Leben lang bemühte, den Wünschen seiner reisefreudigen Gemahlin nachzukommen, diesmal stieß Sisi auf taube Ohren. Denn die Gefahren einer so weiten Reise waren für eine Kaiserin einfach zu groß.

Auch Ludwig Salvator war vor bösen Überraschungen nicht gefeit, als er die Rückreise antreten wollte. Denn das Schiff, das ihn nach Europa zurückbringen sollte, war bereits seit längerer Zeit ausgebucht, sodass er über Amerika, das er aber schon von seiner Reise im Jahr 1876 kannte, den Heimweg antreten musste. Obwohl ihm der freie Lebensstil im Land der unbegrenzten Möglichkeiten, den er in Kalifornien ausgiebig studiert hatte, ganz besonders gefiel, zog es ihn doch relativ schnell heim ins alte Europa. Die »Republic«, für den Erzherzog ein vom Namen her bezeichnendes Schiff, brachte ihn von New York nach Liverpool, nach fünf Monaten hatte er es eilig, nach Italien zu kommen, wo er sich einige Zeit in Mailand aufhielt, einer Stadt, die ihn durch ihre Modernisierungen, die man an allen Ecken und Enden feststellen konnte, faszinierte. Aber als guter Katholik hatte er das Bedürfnis, nach den unscheinbaren Kirchen, die er auf seiner Weltreise besucht hatte, endlich in dem alten Dom die Messe hören zu können. Niemand der Gläubigen erkannte den Erzherzog, der wie ein gewöhnlicher Mensch gekleidet inmitten der Betenden seine Andacht abhielt. Seine Diener hatte er nicht mitgenommen, denn die hätten den Cousin des österreichischen Kaisers sicherlich verraten, da sie sich selber Diener hielten, die ihre Koffer trugen, während der Erzherzog eigenhändig sein Gepäck schleppte und in den Zügen dritter Klasse, die damals natürlich noch die »Holzklasse« war, fuhr. Seine Diener allerdings residierten bequem in der ersten Klasse!

Endlich zurück in Europa zog es ihn mit aller Macht auf »seine Insel«, nach Mallorca, das in der Zukunft nicht nur sein Zuhause wurde. Hier konnte er seine Träume wahr machen, hier verwirklichte er all das, was ihm jahrelang vorgeschwebt hatte. Er erwarb ein wunderschönes Anwesen, von wo er das Meer in all seinen Variationen und zu allen Jahreszeiten sehen konnte, hier war er in der Lage, das Leben eines echten »Aussteigers« zu führen. Da es ihm am nötigen Kleingeld nicht fehlte, konnte er den Bauern rund um seine Finca das Land abkaufen, nicht um es auszubeuten und Kapitel daraus zu schlagen, sondern um es vor Raubbau zu schützen, der sich schon damals überall bemerkbar machte. Die uralten Olivenbäume, die der Axt und der Gewinnsucht zum Opfer fallen sollten, konnten nun als sein Eigentum so lange stehen bleiben, bis sie morsch waren und vom Sturm geknickt wurden. Auch die Tiere waren auf seinen Gründen sicher, keines durfte geschlachtet werden – sie hatten alle die Chance, eines natürlichen Todes nach reichlichem Gnadenbrot zu sterben. Ludwig Salvator war nicht nur der erste Tierschützer, den die Geschichte kennt, er war sicherlich auch der Erste, der den unwiederbringlichen Wert der unberührten Natur erkannte, der aufzeigte, wie wichtig reine Luft und sauberes Wasser für den Erhalt der Menschheit sind. Jeder, der ihn aufsuchte, war eingeladen, drei Tage lang freie Kost und Logis zu genießen, denn das Gastrecht war Ludwig Salvator heilig.

Von Krankheit gezeichnet, verbrachte Ludwig Salvator die letzten Jahre seines Lebens im Exil.

Natürlich blieb es nicht aus, dass der habsburgische Erzherzog mancherorts als schrulliger Kauz angesehen wurde, denn auf Mallorca hatte sich das Gerücht in Windeseile verbreitet, wer der seltsame Zeitgenosse war. Zunächst war man selbstverständlich äußerst überrascht über die merkwürdige Lebensweise des Erzherzogs. Man beobachtete, dass er selber äußerst lässig bis schlampig gekleidet überall dort Hand anlegte, wo es nottat, und dass er sich nicht davor scheute, manchmal verschmutzt und verschwitzt seinen Gästen gegenüberzutreten. Daneben erregte sein Privatleben, seine seltsame Beziehung sowohl zu Männern als auch zu Frauen einiges Aufsehen. Niemand wusste, zu wem der Erzherzog wirklich intime Zuneigung empfand, denn einerseits umgab er sich gerne mit schönen Jünglingen, andererseits galt Catalina Homar, die Tochter eines Tischlers, als die große Liebe seines Lebens. Lange Zeit trug Johann Salvator schwer unter der Vorstellung, den Tod seines Sekretärs verschuldet zu haben, des schönen Vratislav Vyborny, der aus Böhmen stammte und mit dem Erzherzog nach Mallorca gekommen war. Wahrscheinlich war die Beziehung zwischen beiden Männern reichlich einseitig, denn Vradislav verliebte sich eines Tages unsterblich in ein Mädchen aus Palma. Da der Weg zu weit war, um zu Fuß zu seiner Braut zu gelangen, bat er seinen Herrn, ihm einen Wagen zur Verfügung zu stellen. Vor Eifersucht und Enttäuschung schlug Ludwig Salvator seinem Sekretär die Bitte ab. Da aber Vradislav das versprochene Rendezvous unbedingt einhalten wollte, machte er sich in der glühenden Sommerhitze dennoch auf den Weg über Stock und Stein. Als der junge Mann endlich nach dem stundenlangen Marsch sein Ziel erreicht hatte, stürzte er einen Krug mit Eiswasser hinunter, woraufhin er zum Entsetzen aller tot umfiel.

Der Erzherzog war über den Tod des jungen Mannes, den er geliebt hatte, lange Zeit untröstlich. Er ließ eine Marmorbüste anfertigen, die einen ganz besonderen Platz auf seinem Landsitz Miramar erhielt.

Heute noch ist die Mär von den zahlreichen Liebesabenteuern des Erzherzogs auf Mallorca lebendig und viele Einwohner der Insel führen ihre Abstammung mit Fug und Recht auf den Habsburger zurück. Wahrscheinlich wusste Ludwig Salvator selber nicht, wie viele Kinder er gezeugt hatte. Die meisten von ihnen liefen nackt, wie Gott sie geschaffen hatte, im Umfeld des Vaters herum, der sie zwar nicht legitimierte, deren Mütter er aber finanziell unterstützte. Zur Ehe hatte er sich im Laufe der Zeit niemals entschließen können, obwohl gerade die schöne junge Catalina für ihn die richtige Ehefrau gewesen wäre. Das Mädchen war nicht nur ungewöhnlich attraktiv und bezauberte den Erzherzog mit ihrer glockenhellen Stimme, es war auch intelligent und bildungshungrig. Auf Veranlassung Ludwig Salvators lernte Catalina lesen und schreiben, war eine hervorragende Rechnerin und übernahm schließlich nach dem Tod ihres Vaters die Besitzung Estanca, wo sie den Weingärten besondere Aufmerksamkeit schenkte. Alles, was mit der Kunst des Weinbaues zusammenhing, studierte sie bis ins kleinste Detail, sodass die Weine aus den Gütern des Erzherzogs schon bald Weltberühmtheit erlangten und auf den Weinmessen achtbare Preise einheimsten.

Der hagestolze Erzherzog wäre wahrscheinlich doch noch im Hafen der Ehe gelandet, wäre über Catalina nicht ein tragisches Unglück gekommen. Die junge Frau war äußerst religiös und wünschte sich nichts sehnlicher, als einmal den Fuß auf den Boden des Heiligen Landes setzen zu können, um an den heiligen Stätten ihre Andacht zu verrichten. Ludwig Salvator, der sicher mehr für Catalina als Sympathie empfand, erfüllte ihr diesen Wunsch gern, bedachte aber nicht, dass im Orient immer noch Fälle von Lepra aufgetreten waren. Wie sich Catalina mit dieser damals todbringenden Krankheit angesteckt hatte, ist bis heute nicht ganz klar. Als Ludwig Salvator 1905 nach einer längeren Seefahrt nach Mallorca zurückkehrte, kam er zu spät. Catalina war schon gestorben.

Auch von ihr blieb dem Erzherzog nur eine Marmorstatue und eine Inschrift:

Dem unvergeßlichen Andenken an Catalina Homar, welche so viele Jahre hindurch die Seele dieses Hauses war, von Ludwig Salvator errichtet mit der Bitte an jene, die kommen, daß sie für sie beten.

Je älter der Erzherzog wurde, umso unförmiger erschien er sämtlichen Freunden und Bekannten. Wahrscheinlich war sein enormes Körpergewicht schon der Vorbote für seine Lympherkrankung, eine Art Elephantiasis, die erst im fernen Böhmen zum Ausbruch kam. Denn aufgrund der politischen Verhältnisse wurde seine Lage auf den Balearen immer schwieriger, der Erste Weltkrieg warf seine langen Schatten voraus, sodass Ludwig Salvator mit großer Besorgnis die Krisen im ersten Jahrzehnt des neuen Jahrhunderts registrierte. Er konnte sich nicht vorstellen, seine Trauminsel verlassen zu müssen, und doch hieß es nach den Schüssen von Sarajevo für ihn und sein kleines Gefolge, die Koffer zu packen und von allem Abschied zu nehmen, was ihm lieb und teuer geworden war. Beinah als gebrochener Mann kehrte er ins Schloss seiner Kindheit nach Brandeis im düsteren Böhmen zurück, wo er sich durch Sprachforschungen abzulenken versuchte. Während er begonnen hatte, eine Sammlung von Kosewörtern zusammenzustellen, erlöste ihn der Tod am 12. Oktober 1915 von seinen andauernden Schmerzen. Es war mitten im Ersten Weltkrieg natürlich nicht möglich, seinen letzten Herzenswunsch zu erfüllen und ihn auf Mallorca inmitten der sonnigen Landschaft, die er so geliebt hatte, beizusetzen. Man überführte den Leichnam des genialen Mannes, der so vieles vorweggenommen und dessen großartige Ideen von einem menschenwürdigen Leben von seinen Zeitgenossen kaum erkannt wurden, so wie die Tradition der habsburgischen Gesetze es vorsah, in die Kapuzinergruft in Wien. Nicht einmal im Tode kann sich Ludwig Salvator hier wohlfühlen!

Der Kaiser von Brasilien
Dom Pedro

Er war mit nur 14 Jahren am 23. Juli 1840 für volljährig erklärt und ein Jahr später zum Kaiser gekrönt worden: Dom Pedro de Alcantara, ein halbes Kind, das noch eine Vielzahl klingender Namen besaß. Sein Vater war ein haltloser, politisch völlig uninteressierter Mensch gewesen, für den das brasilianische Volk nach seiner erzwungenen Abdankung im Jahre 1831 nur üble Nachreden hatte. Dass man den Sohn aber zum Kaiser kürte, war nur dessen habsburgischer Mutter Leopoldine zu verdanken, der noch heute in dem riesigen Land am Amazonas als der »Mutter Brasiliens« Verehrung und Bewunderung entgegengebracht wird. Dabei war die junge Frau, deren persönliches Schicksal beklagenswert gewesen war, mit noch nicht einmal dreißig Jahren an der Lieblosigkeit und den körperlichen Misshandlungen ihres – wie sie ihn immer in ihren Briefen bezeichnete – hohen Gemahls gestorben. Mit ihr wurde nicht nur die Mutter von sechs Kindern zu Grabe getragen, sie hatte durch ihre hohe Intelligenz und durch ihr politisches Gespür erreichen können, dass sich das südamerikanische Land von der portugiesischen Bevormundung befreien und zu einem selbstständigen Staat werden konnte. Mit ihrem unfähigen Mann als Kaiser an der Spitze, der Leopoldine vorübergehend als Regentin eingesetzt hatte, damit er sich seinen diversen amourösen Abenteuern ungestört hingeben konnte und sich kaum um seine neuen Aufgaben als Kaiser kümmern musste.

Für alle, die um Dona Leopoldina trauerten, war es ein Risiko, nach der Abreise Kaiser Pedros I. nach Portugal, die Kinderzeit des ältestens Sohnes Pedro abzuwarten, um schließlich wieder einen neuen Kaiser zu haben, nachdem ein Regentschaftsrat jahrelang die politischen Geschicke mehr oder weniger korrekt in dem riesigen Land Brasilien gelenkt hatte. Wer konnte schon wissen, wie sich Pedro entwickeln würde, ob das negative Erbe seines Vaters oder die hohe Intelligenz seiner Mutter, die unglaubliche Duldsamkeit, verbunden mit dem besten Wollen für das Volk, sich in seinem Charakter durchsetzen würde. Freilich hatte sich Pedros Vater nach dem überraschenden Hinscheiden seiner Gemahlin entschlossen, ein neues Leben anzufangen und sich tatsächlich auch um die Belange des Staates zu kümmern. Als Erstes sollten aber in seinem Privatleben Ruhe und Ordnung einkehren, denn im Volk begann es zu rumoren, als bekannt wurde, wie schlecht Pedro seine habsburgische Gemahlin behandelt hatte. Mitschuld an ihrem frühen Tod war auch die langjährige Geliebte Dona Domitilia, die Pedro I. als Gräfin Santos in den Adelsstand erhoben hatte. Diese Position war der primitiven Frau zu Kopf gestiegen, sie gebärdete sich in jeder Hinsicht unmöglich und hatte Leopoldine das Leben zur Hölle gemacht. Auch Pedro hatte schließlich erkannt, dass seine Mätresse böses Blut im Volk erzeugte, und statuierte ein Exempel, indem er sie von heute auf morgen auf die Straße setzte. Mit diesem Schritt wollte Pedro demonstrieren, dass er in Hinkunft sein Leben in geordnete Bahnen führen wollte. Auch seinen Kindern gegenüber, von denen der Sohn Pedro und vier Schwestern, Maria da

Gloria, Januaria, Paula Mariana und Franziska Caroline das Kleinkindalter überlebt hatten, zeigte er sich plötzlich wie verwandelt als liebevoller Vater. Das hinderte ihn aber nicht daran, schon kurz nach Leopoldines Tod wieder auf Freiersfüßen zu gehen. Dabei war es für ihn mit seinem schlechten Leumund nicht unbedingt leicht, eine neue Ehefrau in Europa zu finden, denn bis dahin hatten sich seine amourösen und sexuellen Eskapaden längst herumgesprochen. Eine Brasilianerin kam für den gebürtigen Portugiesen natürlich nicht in Betracht und die Habsburger schienen nicht bereit zu sein, wieder eine Prinzessin zu opfern. Schließlich fanden die Brautwerber aber im Jahr 1829 eine Dame aus Frankreich, die allerdings als Tochter des Stiefsohnes von Napoleon Eugène Beauharnais nicht unbedingt standesgemäß für einen Braganza war.

Aber die junge Ehefrau, die der brasilianische Kaiser keineswegs so miserabel wie seine erste Gemahlin behandelte, sollte nicht lange in Südamerika bleiben, denn Pedro I. wurde im Jahre 1831 mehr oder weniger gezwungen, abzudanken und ins Exil nach Portugal zu gehen, wo ihn intensive politische Verwicklungen mit seinem Bruder erwarteten, die schließlich sogar in einen offenen Kampf um die Macht ausarteten.

Zurück blieben drei kleine Kinder, der erst 6-jährige Pedro und drei seiner Schwestern, Maria da Gloria als die Älteste wurde vom Vater mit nach Portugal genommen, da sie den Bruder ihres Vaters heiraten sollte, um portugiesische Königin zu werden. Man hatte die Hochzeit des blutjungen Mädchens schon *per procurationem* in Wien veranstaltet, wobei man noch nicht ahnen konnte, zu welchen Kontroversen diese Eheschließung einmal führen würde.

Als Kaiser Pedro I. das Land verließ, erfüllte sich die wahre Tragik postum für seine Gemahlin Leopoldine. Sie war es gewesen, die trotz aller Unbilden und persönlichem Leid ihren Gemahl zum Ausharren aufgefordert hatte und die Chance, endlich nach Europa zurückkehren zu können, aus politischen Erwägungen heraus nicht wahrgenommen hatte. Leopoldine war dadurch zur Schöpferin des Kaiserreiches geworden, wobei sie damals noch nicht ahnen konnte, dass dereinst ihr Sohn Pedro dieses Land Brasilien zu ungeahnter Blüte führen würde. Er war der wahre Nachfolger seiner hervorragenden Mutter, durch ihn wurde vollendet, wozu sie den Grundstein gelegt hatte.

Der »liebe Papa«, wie der Kaiser von seinen Kindern genannt wurde, musste zwar das Land verlassen, hatte aber vorher schon geeignete Erzieher für seinen Sohn und die drei Töchter ausgesucht. Er hatte seltsamerweise eine gute Wahl getroffen, denn José Bonifácio de Andrade e Silva war nicht nur ein ungewöhnlich gebildeter Mann, sondern nach seiner Rückkehr aus der Verbannung nach Europa, die Pedro aus blinder Wut ausgesprochen hatte, auch als guter Ratgeber eine Stütze seiner Mutter gewesen. Für Leopoldine war José Bonifácio nicht nur ein umsichtiger Politiker, sondern auch ein ganz persönlicher Freund in der Fremde gewesen. Ihm war es maßgeblich zu verdanken, dass sich auch Pedro I. entschloss, den Schritt zum Kaisertum zu wagen. Politisch mit allen Wassern gewaschen, aber in seinem Privatleben integer, hätte man keinen besseren Vormund und Erzieher für den jungen Prinzen finden können. Er führte seinen Schützling drei Jahre lang mit sanfter Hand durchs Leben und sah zu, dass sich in den immer wieder auftauchenden Wirren keine politische Gruppierung des zukünftigen Kaisers bemächtigte. Denn nach der Abdankung von Kaiser Pedro I. war die Lage in Brasilien absolut instabil, drei Interessengruppen suchten stets von neuem die Macht an sich zu reißen: Die

Farrapulhos hatten das Ziel im Auge, das Land in einzelne Provinzen aufzuteilen, die Abrilisten waren liberal gesinnt und dadurch von vornherein kontrovers zu den Andradas, den Monarchisten. Es war für José Bonfácio keine leichte Aufgabe, den Kronprinzen in jede nur mögliche Richtung zu schützen, denn alle Gruppen hatten bewaffnete Truppen aufgestellt, die beinah zu jeder Tages- und Nachtzeit auftauchten, um zumindest Angst und Schrecken zu verbreiten.

Der junge Pedro war rein äußerlich alles andere als ein Südamerikaner. Mit seiner hellen Haut, den blonden Locken glich er schon äußerlich seiner geliebten Mama. Und dies war für ihn in gewisser Weise ein Schutz, denn keiner in Brasilien wagte es, sich an dem Andenken der »Mutter Brasiliens« zu vergreifen. Freilich bedeutete die ungewisse Situation für den am 2. Dezember 1825 geborenen Pedro, dass er als Kind von einem Ort zum anderen gebracht wurde und er manchmal nicht mehr wusste, wo er sich befand. Dabei scheuten sich weder José noch die den Prinzen betreuende Dona Mariana, die Pedro liebevoll Dadama nannte, Pedro manchmal vor den anstürmenden Soldaten im Keller zu verstecken. Es war kein Wunder, dass sowohl der Knabe als auch seine Schwestern ab und zu von Albträumen geplagt wurden, wobei Pedro als der Sensibelste sogar versuchte, schon als Kind seinem Leben durch ununterbrochenes Auf- und Abgehen ein Ende zu bereiten. Natürlich war dies nicht möglich, da er vor Erschöpfung zusammenbrach und von den entsetzten Bedienten langsam wieder aufgepäppelt wurde.

Als kaiserlicher Prinz war es nur natürlich, dass das intensive Lernpensum für das Kind schon sehr früh zusammengestellt wurde. Solange José Bonfácio die Oberaufsicht über sein Mündel führte, blieben dem Buben wenigstens während des Tages ein oder zwei Stunden, wo er mit anderen Kindern spielen konnte. Dabei bevorzugte Pedro seinen Freund Raffael Nogueira, mit dem er zusammen durch die geheimnisvollen Auen und Wälder, die für den Knaben voller Geheimnisse waren, streifen konnte. Später gesellte sich noch Liuz Retiro dazu, der dem späteren Kaiser ein lebenslanger Freund sein sollte.

Genauso wie seine habsburgische Mutter liebte Pedro die Natur über alles, lauschte stundenlang dem Gesang der Vögel, notierte aber auch ihr Aussehen und ihre Lebensgewohnheiten. Alle Eigenschaften, die seine Mama besessen und die sie so liebenswürdig gemacht hatten, kamen allmählich bei dem Sohn zum Vorschein, je älter er wurde. Er ging mit offenen Augen durch die Welt und sah in seiner sozialen Art schon in sehr jungen Jahren Dinge, die er einmal, sollte er die Möglichkeiten haben, abschaffen wollte. Für Pedro gab es schon als Kind keine Standesschranken, er behandelte die Diener nicht wie Untergebene, wie Untermenschen, wie dies in Brasilien der damaligen Zeit Brauch war. Für ihn hatte jeder Mensch seine eigene Würde, die ihm niemand nehmen sollte! Dass den jungen Pedro vor allem das Los der Sklaven am Herzen lag, war nur zu selbstverständlich. Immer wieder musste er mit ansehen, wie menschenunwürdig sie von den Großgrundbesitzern behandelt, wie geschunden diese armen Teufel wurden, die vor allem von den Engländern auch noch später, als Pedro II. an der Macht war, unter allen möglichen Vorwänden, manchmal sogar heimlich, nach Brasilien gebracht wurden. Für einen Mann, dessen Humanität weit über die Grenzen Südamerikas hinaus bekannt war, war die Sklaverei ein Schlag ins Gesicht!

Humanes Denken zeichnete Dom Pedro ein Leben lang aus, den Grundstein dafür hatte seine Mutter gelegt,

Der Kaiser von Brasilien

in ihren Briefen konnte der Sohn alles finden, was Dona Leopoldina bewegt hatte. Es war eine günstige Fügung des Schicksals, dass José Bonifácio ihre Philosophie, die die gleichen Aspekte verfolgte, unverändert seinem Zögling übermittelte. Gerechtigkeit und Frieden zwischen den Völkern, aber auch innerhalb Brasiliens, sozialer Wohlstand und Schaffung eines modernen Staates, das sollten die Ziele sein, die sich der junge zukünftige Kaiser setzen sollte. Dazu bedurfte es neben einer Herzensbildung, die Pedro von seiner Mutter geerbt hatte, auch einer umfassenden Ausbildung auf allen Wissensgebieten, damit Pedro einmal als Herrscher von seinen Beratern weitgehend unabhängig agieren konnte. Natürlich war auch die Kenntnis der verschiedenen Fremdsprachen für den jungen Mann wichtig. Den Kindern wurde fast zu viel zugemutet, denn sie hatten außer dem Deutschen, ihrer Muttersprache, auch noch Französisch, Englisch und Spanisch zu lernen und selbstverständlich Latein und Altgriechisch, was nun einmal zu einer klassischen Bildung gehörte. Das Studienprogramm wäre ohne die naturwissenschaftlichen Fächer wie Mathematik, Physik, Geologie, Astronomie und vor allem Botanik unvollständig gewesen, wobei Pedro schon als kleines Kind seine Lehrer damit überraschte, wie viel er über die Natur wusste. Denn ein Leben lang war er ein begeisterter Bewunderer der üppigen brasilianischen Pflanzenwelt und wäre er nicht Kaiser geworden, so hätte er sicherlich seine berufliche Erfüllung als Gärtner gefunden. Außerdem fühlte er sich zu den Berufen der Lehrer und Bibliothekare hingezogen.

Über sein umfangreiches Lernprogramm berichtete der junge Pedro seinem habsburgischen Großvater Franz II. nach Wien:

Unserem verehrtesten Großvater nach Wien! Durch Baron Daiser haben wir die Gelegenheit, Ihnen, verehrtester Großvater, ein paar Zeilen des Grußes zu übermitteln. Wir sind mit Eifer und Fleiß mit Lernen beschäftigt. Januaria beherrscht das Französische schon derart, dass sie bereits Diplomatenbriefe kopieren darf und somit die wichtigste Aufgabe von uns hat. Francisca erlernt soeben das geometrische, was ihr keine Schwierigkeiten bereitet und wovon sie eine Ansicht unserer Quinta zum Beweise belegt. Ich, Ihr gehorsamer Enkel Pedro, habe zuletzt eine Prüfung über die Naturgesetze von Geschwindigkeit und Widerstand bestanden. Um Ihnen, hochgeschätzter Großvater, mitzuteilen, wie wunderschön hier in St. Christoph der Frühling ist, lege ich diesem Bericht eine Zeichnung bei, die Ihnen unseren Garten in Blüte zeigt.

Schon in jungen Jahren zeichnete es sich für José Bonfácio deutlich ab, dass an der Wiege seines Schützlings auch die Musen Pate gestanden hatten, da das Kind bereits im Alter von sechs Jahren zu einzelnen Instrumenten griff, denen er die ersten Töne zu entlocken versuchte. Beide Elternteile waren musikalisch gewesen, wobei der Vater nicht nur verschiedene Instrumente meisterlich spielte, sondern auch nicht unbedeutende Stücke komponierte wie die brasilianische Nationalhymne. Auch die Mutter hatte eine schöne Stimme gehabt, sie war das einzige Verbindungsglied zu ihrem ungeliebten Ehemann gewesen, denn das Ehepaar hatte außer der Musik und dem Reiten keine Gemeinsamkeiten. In den ersten Ehejahren hatte es noch den Anschein gehabt, dass zumindest diese gleichen Interessen ein Band zwischen Leopoldine und Dom

Der brasilianische Kaiser Dom Pedro, der einzig überlebende Sohn Dona Leopoldinas, führte das Werk seiner Mutter fort und machte Brasilien zu einem modernen Staat.

Pedro sein würden, aber je mehr Jahre ins Land zogen, desto mehr vernachlässigte der ungehobelte Ehemann seine hochgebildete Gemahlin. Dies hielt ihn aber nicht davon ab, Leopoldines Bett aufzusuchen, sodass sie in dieser Ehehölle jedes Jahr ein Kind erwartete. Nach zahlreichen Fehlgeburten, die nicht nur dem Ehemann angelastet werden konnten, sondern auch aufgrund der unerträglichen klimatischen Zustände zustande gekommen waren, hatten »nur« sechs ihrer Kinder überlebt, von denen sich die Ältesten noch dunkel an die liebe »Mamae« erinnern konnten.

Es war viel, was man dem kleinen Thronfolger abverlangte, aber Pedro war kein Kind, das sich aufmüpfig zeigte. Er bedauerte lediglich, dass ihm so wenig Zeit zur körperlichen Ertüchtigung blieb, denn genauso wie sein Vater liebte er es, über die Ebenen zu galoppieren oder sich im Fechten zu üben. Erst als der österreichische Gesandte einen Brief an den kaiserlichen Großvater nach Wien abgefasst hatte, der zufällig in die Hände von José Bonifácio gelangt war, worin Franz II. mitgeteilt wurde, dass der Enkel zu wenig Möglichkeiten hätte, sich zu bewegen, wurde das Tagesprogramm des Knaben umgestellt. Die körperliche und geistige Entwicklung sollten schließlich in Einklang stehen!

Es war José Bonifácio nur drei Jahre vergönnt, sich um seinen Schützling zu kümmern, der Regentschaftsrat fürchtete den Einfluss der Freimaurerideen auf Pedro zu sehr, sodass man zum großen Leidwesen Pedros José Bonifácio absetzte und ihm unmissverständlich bedeutete, er möge sich auf eine Insel zurückziehen. Man suchte andere Lehrer für den zukünftigen Kaiser aus, von denen Pater Itanhaém das Lernpensum, das man für den Jüngling zusammengestellt hatte, noch erhöhte. Es gab für

Pedro in dieser Situation nur zwei Möglichkeiten: Entweder er lehnte sich gegen dieses Übermaß an Bildung, das man ihm angedeihen ließ, auf oder er fügte sich, sodass alle Voraussetzungen gegeben waren, ein philosophisch gebildeter, aber nicht weltfremder Monarch zu werden.

Genau wie Pedro erhielten auch die Schwestern eine hervorragende Ausbildung, auch sie spielten verschiedene Instrumente nicht nur laienhaft und zur Familienunterhaltung, man unterrichtete sie auch in den Naturwissenschaften, was für Mädchen in diesen Kreisen und zur damaligen Zeit eher ungewöhnlich war. Sie sollten genauso wie der Bruder Einblicke in die sozialen Verhältnisse in Brasilien bekommen. Das Leben der jungen Leute wäre zu anstrengend gewesen, hätten sich nicht Pedro und seine Schwester jede Woche auf den Freitagabend freuen können, an dem regelmäßig ein Ball veranstaltet wurde, zu dem die jungen Damen und Herren der ersten Familien des Landes geladen waren. Der junge Pedro war schon sehr bald ein nicht nur gefragter, sondern auch leidenschaftlicher Tänzer, der den Freitagsball auch in späteren Zeiten, als er längst Kaiser und verheiratet war, beibehielt. Es war selbstverständlich, dass es für die anwesenden jungen Damen eine außerordentliche Ehre bedeutete, wenn sie von Pedro zum Tanze geführt wurden und so manche Schöne landete nicht nur auf der Tanzfläche in den Armen des jungen Kaisers, sondern anschließend auch in seinem Bett.

Es war für alle politisch interessierten in Brasilien eine wichtige Frage, welche Dame neben Pedro einmal auf dem Thron sitzen würde. Für die meisten stand fest, dass nur eine Europäerin die Frau seiner Wahl sein konnte, denn dass Pedro einer Brasilianerin das Jawort geben würde, war für beinahe alle ausgeschlossen. Immerhin wollte ein

Mann aus dem Hause Braganza eine standesgemäße Kaiserin und die fand sich nur im fernen Europa.

Auch Pedros Schwestern, die in Brasilien geblieben waren, sollten an europäische Prinzen verheiratet werden, wobei Franzisca, die in der Familie nur Mana Chica gerufen wurde, das große Glück hatte, einen Bräutigam zu bekommen, dem ihr ganzes Herz gehörte. Im Januar 1843 war der Sohn des französischen Bürgerkönigs Louis Philippe von Orleans, Prinz Francisco Joinville, zu einer Reise in den Südatlantik aufgebrochen, um aus St. Helena die sterblichen Überreste Napoleons nach Paris zu überführen. Und da er ein äußerst lebenslustiger junger Mann war, hatten ihn die begeisterten Schilderungen vom Karneval in Rio dazu veranlasst, selber auch einmal nach Brasilien zu fahren, um die Stimmung dort zu genießen. Außerdem hatte er vernommen, dass der brasilianische Kaiser zwei reizende junge Schwestern hatte, die er ebenfalls gerne kennenlernen wollte. Joinville war ein ungewöhnlich gut aussehender junger Mann mit umwerfendem Charme, ein Herzensbrecher wie aus dem Bilderbuch!

Kaum war Joinville in Rio angekommen, als er sich tage- und nächtelang ins Karnevalgeschehen stürzte, er erlernte in den verschiedenen Tanzlokalen Fandango und Samba und genoss das aufgeheizte Treiben, bevor er sich bei Kaiser Pedro anmelden ließ. Aber Pedro war nicht anwesend, wohl aber dessen Schwester Franzisca, die der Prinz auf der Treppe antraf. Es war anscheinend Liebe auf den ersten Blick gewesen, denn schon nach kurzer Zeit waren die beiden sich einig, dass einer ohne den anderen nicht mehr leben wollte. Der französische Prinz hatte alle Regeln des Protokolls über den Haufen geworfen, für ihn existierte keine Etikette, keine Tradition. Und da er all seine nicht vorschriftsmäßigen Handlungen mit einer derart charmanten Selbstverständlichkeit ausführte, konnte ihm niemand böse sein. Durch ihn war Leben ins Haus gekommen, ungewöhnliche Dinge ereigneten sich am laufenden Band, sodass auch Pedro etwas von seinem Ernst verlor und sich vom Temperament des zukünftigen Schwagers hinreißen ließ. Wie ein ganz gewöhnliches Liebespaar gingen die beiden Verliebten eng umschlungen durch Boa Vista und zeigten aller Welt, wie glücklich sie waren.

War Pedro als Bruder und Kaiser anfangs skeptisch den ungewöhnlichen Eskapaden des französischen Prinzen gegenübergestanden, so gewöhnte er sich allmählich an den Gedanken, dass Franzisca an der Seite Joinvilles glücklich werden würde. Und er beneidete sie vielleicht heimlich, denn seine Brautwerbung war von der Tochter des Königs von Neapel-Sizilien erhört worden, die zwar aus erstem Hause stammte, die er aber natürlich nicht persönlich kannte. Es war nicht leicht gewesen, eine geeignete Braut für den brasilianischen Kaiser zu finden. Am Habsburgerhof in Wien gab es zu dieser Zeit keine Prinzessin, die nach den schlechten Erfahrungen Leopoldines, der Mutter Pedros, geneigt gewesen wäre, nach Südamerika zu gehen, ohne Hoffnung auf Wiederkehr. Daher musste man geradezu von Glück sprechen, dass Teresa Cristina die Werbung angenommen hatte.

Am 4. September 1843 war es dann endlich so weit. Die Schiffe aus Neapel gingen in der Guanabara-Bucht vor Anker, wo Pedro wahrscheinlich mit klopfendem Herzen seiner Braut entgegensah. Sein persönliches Schicksal würde sich in den nächsten Minuten entscheiden, denn das Mädchen auf den Konterfeis, die ihm zugesandt worden waren, war durchaus gutaussehend.

Als Pedro seine Frau erblickte, mit der er schon *per procurationem* verheiratet war, wie dies in den Herrscherhäusern seit Jahrhunderten üblich war, glaubte er seinen Augen nicht zu trauen. Denn das dunkelhaarige, überaus mollige kleine Mädchen, das ihm mühselig entgegenhinkte, war alles andere als das schöne Kind auf den Bildern. Auch Teresa Cristina wusste, wie sehr man Pedro mit den gefälschten Portraits getäuscht hatte, in ihrer sensiblen Art konnte sie sich vorstellen, wie es im Inneren ihres Bräutigams aussah. Mit tränenüberströmtem Gesicht wagte sie kaum Pedro zu begrüßen, der sie beinahe entsetzt anstarrte. Er, ein fescher, großer blonder Mann, dem die schönsten Brasilianerinnen zu Füßen lagen, sollte diese unscheinbare Frau ein Leben lang an seiner Seite haben?

Was er zu diesem Zeitpunkt noch nicht wusste, war, welch ausgewogenen Charakter Teresa Cristina auszeichnete, welch gütiger, hilfsbereiter und liebevoller Mensch in ihr steckte. Eine eigene Form von Liebe sollte sich langsam entwickeln, als sich die ersten leidenschaftlichen Stürme, denen Pedro jahrelang ausgesetzt war und die ihn immer wieder in die Arme anderer Frauen trieben, endgültig gelegt hatten. Das gemeinsame Schicksal, die Trauer um den Tod der beiden Söhne schweißte Pedro und Cristina endgültig zusammen.

So, wie es üblich war, wurde die Hochzeit des Kaisers mit großem Gepränge gefeiert, obwohl alle anwesenden Gäste tiefes Mitleid mit dem Bräutigam, aber auch der Braut empfanden. Der Kaiser wirkte wie ein Mann aus dem Bilderbuch, mit seinem blonden Haar und den strahlend blauen Augen schien er wie ein Mensch aus einer anderen Welt, der mit seiner ungewöhnlichen Größe alle Anwesenden überragte. Daneben sah die pummelige Braut, deren schwarzes Haar durch den Schleier schimmerte, eher wie ein brasilianisches Vorstadtmädchen aus.

Wie konnten diese beiden äußerlich so unterschiedlichen Menschen ein Leben miteinander verbringen und glücklich werden? Es musste schon sehr viel geschehen, um die beiden zusammenzuschmieden. Und von Schicksalsschlägen blieben Pedro und Cristina wahrlich nicht verschont. Denn schon zwei Jahre nach der Geburt starb der älteste Sohn Alfonso Leopoldo im Jahre 1847, dem drei Jahre später sein kleiner Bruder Pedro ins Grab nachfolgen sollte. Pedro hatte durch den Tod der Söhne nicht nur die Thronfolger verloren, er hatte die Kinder über alles geliebt, tagelang mit den ihm zur Verfügung stehenden Mitteln um ihr Leben gekämpft und diesen Kampf letztlich verloren. Daher setzte er alles daran, dass seine erst 14-jährige Tochter Isabel 1860 zur Thronerbin erklärt wurde, denn Pedro war auf alles gefasst. Das südamerikanische Klima hatte nicht nur seiner habsburgischen Mutter das Leben vergällt, es war auch für ihn und seine Familie immer wieder eine ständige Belastung. Auch Pedro selbst litt unter der Schwüle und Feuchtigkeit, den überaus kalten Wintern im Norden, wenn er sich entschlossen hatte, diesen Landesteil aufzusuchen. Sehr früh stellten sich bei ihm alle möglichen Unpässlichkeiten ein, die ihn vorzeitig altern ließen, wobei die Gürtelrose, die er sich durch eine Infektion schon in der Jugend zugezogen hatte, und die Zuckerkrankheit ihn besonders belasteten. Seine Umgebung bemerkte, dass der Kaiser, obzwar noch blutjung, eigentlich in keiner Weise Jugendlichkeit verkörperte. Zu ernst, zu gewissenhaft, aber auch zu altmodisch gab sich der junge Mann, den man eigentlich nie anders als mit einem schwarzen Gehrock angetan erblickte. Als ihm der Bart zu sprießen begann, ließ er ihn, wie es der Mode der Zeit entsprach, zum Vollbart wachsen, von dem er sich genauso wenig trennte wie von seinem beinah sprichwörtlichen Regenschirm, den er auch bei wolkenlosem Himmel über dem Arm trug. Auf diese Weise konnte es nicht ausbleiben, dass der an und für sich fesche junge Mann allmählich zur skurrilen Figur wurde, hinter dem die Gassenjungen herliefen und ihre Witze machten. Pedro war noch keine vierzig Jahre alt, als er schon allgemein als »Alter« oder gar »Alterchen« bezeichnet wurde!

In einer prunkvollen Zeremonie wurde die kleine Isabel mit ihrem pausbäckigen Kindergesicht zur Regentin und Stellvertreterin ihres Vaters erklärt, sie übernahm in jugendlichem Alter ein Amt, für das sie ernsthaft durch die besten Lehrer, die ihr Vater im In- und Ausland engagiert hatte, vorbereitet wurde und das sie, solange sie in Brasilien weilte, mit großer Ernsthaftigkeit ausübte.

Es konnte nicht ausbleiben, dass die brasilianische Thronfolgerin als hervorragende Partie in aller Welt galt, sodass die Gerüchteküche brodelte, wer wohl dereinst der Glückliche sein würde, der die Tochter des Kaisers zum Altar führen und dadurch gleichzeitig Prinzgemahl in diesem reichen Land werden würde, auf das die etablierten Kolonialmächte nach wie vor begierig schauten. Die Engländer, die besonders am weiteren Handel mit Brasilien interessiert waren, konnten sich kaum Hoffnungen machen, denn Isabel würde als gute Katholikin kaum einem anglikanischen Prinzen die Hand fürs Leben reichen. Die Habsburger hatten in dieser delikaten Angelegenheit schon bessere Chancen, wenn auch an attraktiven ebenbürtigen Prinzen gerade zu dieser Zeit eher ein Mangel im Erzhaus herrschte. Wahrscheinlich war dies der Grund, dass der politisch denkende und karrierebewusste Erzherzog Maximilian, der Bruder Kaiser Franz Josephs, der als Kaiser von Mexiko eine bedauernswerte Rolle in der Geschichte spielen sollte, auf die Idee verfiel, dass sein jüngster Bruder Ludwig Viktor sich um die brasilianische Erbtochter bemühen sollte.

Maximilian kannte die Situation am Hofe Pedros, er war, noch bevor er das mexikanische Abenteuer begann, schon Gast in Brasilien gewesen und war geradezu begeistert von der hohen Kultur, die er am brasilianischen Hof vorgefunden hatte. Daneben hatte er klar erkannt, dass dieser Staat unter der kompetenten Führung Pedros einer großen Zukunft entgegengehen würde. Was lag also für Maximilian näher, als den Plan zu entwickeln, durch den in Zukunft eventuell Mexiko und Brasilien durch verwandtschaftliche Bande miteinander verknüpft wären. Da er selber kinderlos war, kam er auf den Gedanken, seinem jüngsten Bruder Ludwig Viktor einmal die Krone Mexikos zu vererben und eine Ehe zwischen Isabel und Ludwig Viktor anzubahnen.

Glücklicherweise hatte der überaus exzentrische habsburgische Erzherzog, dem der Ruf bis nach Südamerika vorauseilte, dass er für weibliche Wesen nicht viel übrig hatte, ein sehr unvorteilhaftes Gemälde von der jungen Isabel zu Gesicht bekommen und daraufhin lauthals mitgeteilt, dass die brasilianische Prinzessin für ihn viel zu hässlich wäre, da sie ihrer neapolitanischen Mutter mit ihrem schwarzen Haar und ihrer gedrungenen Gestalt zu ähnlich sei. Der junge Habsburger war in jeder Hinsicht unkritisch, denn ein Blick in den Spiegel hätte ihm genügen müssen, um festzustellen, dass auch ihn, einen schmächtigen, bleichen jungen Mann mit der charakteristischen Habsburger-Lippe die Schönheit nicht gerade plagte.

Isabel konnte die Ablehnung durch den eher uninteressanten habsburgischen Erzherzog verkraften, denn ihr Vater willigte schließlich ein, dass sie den Mann heiraten durfte, den sie liebte, Gastão Orléans, Conde d'Eu, den ihr Vater nach der Eheschließung zum Konsulenten im Kriegsministerium machte und ihn mit militärischen Aufgaben betraute. Nur so würde er in Brasilien eine berufliche Zukunft haben.

Je mehr Zeit ins Land strich, um so klarer erkannte Pedro, dass er sich zu viele und zu große Aufgaben aufgebürdet hatte, um einen florierenden brasilianischen Staat aufzubauen, in dem sich alle Menschen als freie Bürger einen ausreichenden Lebensunterhalt verdienen konnten.

Zahllose Hürden taten sich auf und raubten dem jungen Kaiser während so mancher Nacht den Schlaf. Zu unterschiedlich waren die sozialen Strukturen, an denen schon seine Mutter Leopoldina zu rütteln begonnen hatte. Pedro erkannte klar, dass nur eine tatsächliche staatliche Unterstützung der Bedürftigen eine durchgreifende Änderung der Zustände mit sich bringen würde. Die Schere zwischen steinreich und bettelarm klaffte weit auseinander und ein gesunder Mittelstand fehlte fast vollständig.

Den Anfang zu den gewaltigen Reformen, die er sich zum Ziel gesetzt hatte, hatte Dom Pedro gleich nach seiner Krönung zum Kaiser gemacht und bekannt gegeben, dass seine jährliche Dotation gedrittelt werden sollte: ein Drittel für den Haushalt, ein Drittel für persönliche Ausgaben des Kaisers und seiner Familie und ein Drittel für die Mittellosen des Landes, wobei Pedro festlegte, dass er die Verteilung dieses Geldes selbst zu überwachen gedenke.

Dass man seine hehren Absichten nicht erkennen wollte, bemerkte Pedro sehr schnell, denn von allen Seiten traten Bittsteller an ihn heran, die Kabinettsmitglieder bestochen hatten, um einen Audienztermin bei ihm zu bekommen. Als der junge Kaiser diese untragbaren Zustände durchschaute, entließ er im Jahr 1841 von einem Tag auf den anderen das gesamte Kabinett und die Beamten, die für diese Missstände verantwortlich waren. Ein Aufschrei der Empörung war die Folge dieser überraschenden Maßnahme: Der »Kleine«, wie Pedro hinter seinem Rücken bezeichnet wurde, war anscheinend wahnsinnig geworden, vor allem als der Kaiser keinen Konservativen, sondern einen Liberalen zum Ministerpräsidenten machte: Honório Hermeto.

So misstrauisch man Pedro in den politischen Kreisen Brasiliens betrachtete, so hochachtungsvoll äußerte man sich im Ausland über den jungen Kaiser. Der preußische Prinz Adalbert, der das Land in Südamerika besucht hatte, schrieb im Jahr 1842 folgende Zeilen:

> ... wie angenehm ist der Charakter Ihres Hoflebens, Dom Pedro, der sich durch Sauberkeit und Unbestechlichkeit in allen Belangen auszeichnet. Wie einfach und unkompliziert Sie leben, und wenn man auf der Straße von Ihnen redet, spricht man voll der größten Hochachtung von Ihnen. Dom Pedro, Sie sind mit Ihren siebzehn Jahren für die Menschen zum Inbegriff von Gerechtigkeit geworden. Sie vermitteln die Sicherheit, daß es für jeden, unberücksichtigt von Farbe und Stand, eine Zufluchtstelle gibt, Sie, den Kaiser. Und man ist ob Ihrer Reife, Ihrer Beständigkeit gar nicht verwundert − Dona Leopoldinas Sohn, gibt man als Erklärung, daß Brasilien nun bald einen Weisen an erster Stelle haben wird.

Bei all den guten Ideen, die Pedro umzusetzen suchte, fehlte ihm allerdings das Wesentliche: Er hatte viel zu

wenig finanzielle Mittel, um seine Pläne verwirklichen zu
können. Und daraus schlugen seine Gegner Kapital. Im
»Jornal do Comercio« erschien ein Brandartikel gegen den
Kaiser, wobei der Journalist, der unter einem Pseudonym
geschrieben hatte, die neue Pressefreiheit, die Pedro eingeführt hatte, ausnützte und in unflätigen Worten den Kaiser
und die Familie Braganza beschimpfte. Er bezeichnete die
Dynastie als eine Anhäufung von Ignoranten und Dumm-
köpfen. Der Kaiser fühlte sich durch dieses Geschreibsel
nicht beleidigt, im Gegenteil, er erkundigte sich nach dem
Verfasser, der es gewagt hatte, solche Zeilen zu veröffentlichen. Was niemand vermuten konnte, trat nach einigen Jahren ein: Der Verfasser des Pamphlets, der liberale
Advokat Rodrigues Timandro, der schon nach kurzer Zeit
seine Verleumdungen bedauert hatte, wurde vom Kaiser
höchstpersönlich zum Wirtschaftsminister ernannt. Man
könnte mit Fug und Recht diese Beförderung Timandros
auch als gerechte Strafe bezeichnen, übernahm er doch ein
schweres, beinah aussichtsloses Amt. Der Wirtschaftsminister war gezwungen, sich beinah Tag und Nacht um die
Beschaffung neuer Gelder zu kümmern, denn viele Pläne,
die Pedro auf seinen Auslandsreisen schmiedete und die
zu einer Verbesserung der Lebenssituation in dem riesigen
Land führen sollten, wollten verwirklicht werden. Aber er
fand in dem fortschrittlichen Kaiser einen echten Helfer
in der Not, da Pedro sogar bereit war, für die Errichtung
einer Bewässerungsanlage vorübergehend die Kronjuwe-
len zu versetzen, um den Bau finanzieren zu können. Auch
Kanalisationen in den sich stets vergrößernden Städten
waren dringend nötig, wollte man ähnlich verheerende
Epidemien wie die Cholera verhindern, die im Jahr 1855
das Land heimgesucht und Tausende Tote gefordert hatte.
Nur ausreichende Hygienemaßnahmen sowie der Bau von

Krankenhäusern, wo die Infizierten fachmännisch betreut werden konnten, würden den Ausbruch einer neuerlichen Seuche verhindern, dessen waren sich Pedro und seine Gemahlin, die sich in rührender Weise um die Kranken gekümmert hatte, sicher. Sauberes Wasser, das durch neue Wasserleitungen in die Städte gebracht wurde, war ebenso eine Voraussetzung für das Wohlbefinden der Menschen

Der resignierende Kaiser, dessen Reformen am Unverstand seiner Zeitgenossen gescheitert waren, verbrachte die letzten Jahre seines Lebens in Paris im Exil.

in Brasilien wie der Bau von gepflasterten Straßen, auf die man nicht mehr jeden Unrat kippen durfte und für dessen Beseitigung eine eigene Müllabfuhr ins Leben gerufen wurde. An allen Ecken und Enden wurde gebaut, nachdem die neue Eisenbahn den Transport der Güter erleichtert hatte. Das Land befand sich in einer nie da gewesenen Aufbruchstimmung, Handel und Gewerbe begannen tatsächlich zu florieren, sodass der Export Brasiliens vorübergehend alle nötigen Einfuhren überflügelte, was allerdings zu einer gewaltigen Verstimmung mit England führte, das immer noch versuchte, Brasilien als untergeordnetes Land zu betrachten, das veraltete englische Waren kaufen würde. Mit unwahrscheinlicher Arroganz strich die englische Regierung heraus, sie wäre die Wächterin darüber, dass keine Sklaven mehr nach Brasilien gebracht werden dürften. Um dies zu kontrollieren, patrouillierten englische Schiffe vor der brasilianischen Küste und brachten so manches Handelsschiff auf, auf dem alles andere als Menschen transportiert wurden, und kippten die Ladung ganz einfach ins Meer: Webstühle, Werkzeuge, Landmaschinen ...

Der brasilianische Kaiser ließ sich aber durch diese ständigen Provokationen zu keinem unüberlegten Schritt hinreißen, er entließ lediglich den englischen Botschafter und versuchte alles, um in der Sklavenfrage Licht ins Dunkel zu bringen.

Der Ruf des aufstrebenden Landes hatte viele Europäer veranlasst, ihr Glück am Amazonas zu suchen. Aus Tirol trafen ganze Familien ein, die eine neue Stadt bauten, die man zu Ehren des jungen Kaisers Petropolis nannte. Allerdings hatten die gewöhnlichen Arbeiter oft mit großen finanziellen Schwierigkeiten zu kämpfen, denn nicht jeder fand einen Arbeitgeber, der reellen Lohn zahlte.

Auch um diese Leute kümmerte sich der Kaiser, nachdem er über zahlreiche Missstände informiert worden war, persönlich.

Der Tag musste für Kaiser Pedro II. buchstäblich 48 Stunden gedauert haben, denn anders ist die Erfüllung des großen Programms, das er sich ständig vornahm, kaum zu bewältigen. Dazu kamen seine ausgedehnten Reisen, auf denen er immer die Verbindung zu den bedeutendsten Erfindern und Forschern suchte, um Neues zu erfahren, das er in Brasilien einführen könnte. Dichter und Musiker, Maler und Bildhauer suchte der gebildete Mann auf, lud sie nach Brasilien ein, obwohl er wusste, dass gerade diese Leute oftmals die Reise über den Ozean scheuten.

Auf einer dieser Reisen nach Europa war er auch Gast des Kaisers von Österreich und dessen Gemahlin Elisabeth. Für Pedro war es eine Fahrt in die Vergangenheit seiner geliebten Mutter, er wollte in Schönbrunn und in der Hofburg ihrem Schatten begegnen, wollte sehen, wie sie als Kind und junges Mädchen gelebt hatte, und seinen Träumen nachgehen. Dies war ihm, der als Privatmann im schwarzen Gehrock und mit dem obligaten Regenschirm angereist war, kaum möglich, da die Kaiserfamilie größten Wert auf Etikette legte und eine Gala auf die andere folgte, wobei man beinah über das Aussehen der brasilianischen Kaiserfamilie düpiert war. Wie konnte ein so einfacher Mann, der niemals wie ein Herrscher wirkte, der berühmte Kaiser von Brasilien sein?

Anders als mit Kaiser Franz Joseph war die Begegnung mit Victor Hugo, der nach anfänglicher Ablehnung die Größe des Mannes, der seine Bekanntschaft suchte, erkannte. Auch der spätere amerikanische Präsident Franklin D. Roosevelt erinnerte sich noch daran, einen einfachen Mann kennengelernt zu haben, der sich als

Pedro Alcantara bezeichnet hatte und doch Kaiser von Brasilien war! Es war seltsamerweise wieder ein Engländer, der Herzog von Wellington, der seiner aufrichtigen Bewunderung für den bescheidenen Kaiser Ausdruck verlieh:

»... Nach einem zehnjährigen Interregnum findet der Staat zu einer konstitutionellen Staatsform zurück! Welcher Herrscher muß Brasilien beschieden sein, welch versöhnlicher Geist muß in diesem Teil Lateinamerikas walten. Frei heraus frage ich Sie, Dom Pedro, sind Sie ein gekrönter Demokrat?«

Er war nicht nur das, wofür ihn der Lord hielt, er war auch ein außerordentlich gebildeter Herrscher, ein Mann, der im fortgeschrittenen Alter Persisch und Hebräisch lernte, für den die Betrachtung der Gestirne zur lieben Gewohnheit wurde, der in seiner Sommerresidenz in Petropolis auf seiner Sternwarte neue Himmelskörper zu entdecken suchte, der die Lieder provenzalischer Minnesänger in der Originalsprache las, der sich für die medizinischen Forschungsergebnisse eines Robert Koch interessierte und den bekannten Tropenmediziner Robert Lallemant nach Brasilien kommen ließ, der Fachgespräche mit dem Amerikaner Bell über die Entwicklung des Telefons führte und der Geld für die Gründung der Akadémie Française und des Festspielhauses in Bayreuth zur Verfügung stellte. Dom Pedro war ein universell interessierter und gebildeter Mensch, ein Kaiser, wie man ihn besser nicht hätte finden können.

Und doch gab es zwei Dinge in seinem Leben, für die Pedro seine ganze Energie verbrauchte: die Lösung der Sklavenfrage und der Krieg mit Paraguay. Die Sklavenbefreiung beschäftigte den Kaiser nicht erst seit 1853, als man die Einfuhr von afrikanischen Sklaven unter Strafe gestellt hatte. Dieses Gesetz war zwar verabschiedet worden, aber keiner der Sklavenhändler wollte sich das lukrative Geschäft mit den armseligen Kreaturen, die man in Zentralafrika zusammengefangen hatte, entgehen lassen. Heimlich fuhren die Schiffe des Nachts entlegene Buchten an und schleppten die gefesselten Unglücklichen, auf die schon die informierten Interessenten warteten, von Bord. Vor allem die Engländer, die offiziell lauthals gegen den Sklavenhandel in Südamerika auftraten, machten sich einen unrühmlichen Namen bei diesen schmutzigen Geschäften. Dass der junge Kaiser mit den Großgrundbesitzern, den Facendeiros, dabei in eine langwierige Kontroverse verwickelt sein würde, konnte sich Pedro schon bei den ersten Maßnahmen, die er gegen den Sklavenhandel setzte, ausrechnen. Denn keiner der Besitzer der riesigen Plantagen konnte auf die Arbeit der Sklaven verzichten, denen meist nicht einmal das Nötigste zum Leben für ihren Robot geboten wurde. Das Wirtschaftssystem würde zusammenbrechen, sollte es zur Sklavenbefreiung kommen, dessen waren sich beinah alle sicher, wobei selbst die Sklaven nicht überzeugt davon waren, dass ihnen in Freiheit ein besseres Schicksal winken würde. Denn wie sollten sie weiterleben, ohne Beschäftigung und ohne notdürftigste Versorgung.

Es war eine große Aufgabe für Pedro, den Ärmsten der Armen klar zu machen, dass sie auch weiterhin gebraucht werden würden, allerdings ohne sich weiter ausbeuten lassen zu müssen, die Sklaven mussten über die späteren Lebensbedingungen informiert werden. Dabei suchte der Kaiser nicht nur die armseligen Hütten auf, er führte auch eingehende Gespräche mit den Sklaven, die bass erstaunt darüber waren, dass sich der Herrscher von Brasilien für ihr Schicksal interessierte.

Zunächst schien das Thema Sklavenbefreiung ein Kampf gegen Windmühlen zu sein, alle, die nur irgendetwas in Brasilien zu sagen hatten, legten dem Kaiser Steine in den Weg, denn jeder fürchtete für seine persönlichen Pfründe. Aber es gab auch eine Gruppierung von Gleichgesinnten, die ebenfalls für die Sklaven Menschenrechte einforderte, die Abolitionisten, wie sie sich nannten. Im Jahre 1871 kam es dann zu einem zukunftsorientierten Schritt, als das Parlament erklärte, dass alle von Sklavinnen geborene Kinder frei sein sollten *(lei do ventre livre)*. Nun überstürzten sich die Ereignisse, denn auch die liberale Partei heftete die Sklavenfrage auf ihre Fahnen, wobei sie natürlich die Abschaffung der Monarchie beinahe nebenbei forderte, obwohl der Kaiser mit seinen Sklavenbefreiungsideen überrumpelt wurde. Alles, was Dom Pedro im Laufe der Jahre für den brasilianischen Staat getan hatte, verschwand im Gedächtnis der politischen Erneuerer, die nur die Ausrufung der Republik im Sinne hatten.

Vergessen waren die Kämpfe gegen die Gebietsansprüche Argentiniens und der schreckliche verlustreiche Krieg gegen den paraguayischen Diktator López, der mit allen nur erdenklichen Grausamkeiten gegen die Soldaten des brasilianischen Kaisers vorgegangen war. Wahrscheinlich war der Anlass zu diesem schrecklichen Abschlachten, der Tausenden das Leben kostete, die Weigerung Francisco Solano López gegenüber gewesen, dem Paraguayer eine seiner Töchter zur Frau zu geben. Fünf Jahre hatte die Auseinandersetzung gedauert, wobei der friedliebende Kaiser selber mehr als einmal an den Belagerungen, die jedes Mal von paraguayaischer Seite in ein fürchterliches Gemetzel ausarteten, teilgenommen hatte und die schrecklichen Fallen und Tricks, die sich López in seinem kranken Gehirn ausgedacht hatte, mit eigenen Augen mit ansehen musste. Es war nur dem fähigen brasilianischen General Luiz Alves de Lima e Silva Baron von Caxias zu verdanken, dass Brasilien doch noch als Sieger aus diesem Ringen hervorging. Am 1. März 1870 wurden López und sein Sohn Pancho getötet, während es seiner europäischen Gemahlin Lynch, der Hauptdrahtzieherin vieler Gräueltaten, gelang, ins Ausland zu flüchten.

Je älter Dom Pedro wurde, umso öfter zog es ihn über den Ozean, hinüber nach Europa. Er hatte die Regentschaft seiner Tochter Isabel übertragen, die die Amtsgeschäfte im Sinne ihres Vaters führte, aber gleichzeitig in immer größere Abhängigkeit von den liberalen Strömungen im Parlament geriet. Sie war es schließlich, die am 13. Mai 1888 unter dem Jubel der Bevölkerung das sogenannte »Goldene Gesetz« unterzeichnete: »Mit dem heutigen Tag, der Verkündigung des Gesetzes, wird die Sklaverei in Brasilien abgeschafft. Alle anderen gegenteiligen Dispositionen sind damit ungültig. Isabel, Princesa Imperial Regenta.«

Isabel hatte nicht nur Tausenden Menschen durch ihre Unterschrift die Freiheit gegeben, sie hatte, so seltsam es klingen mag, auch das Ende der kurzen Monarchie eingeläutet. Denn jetzt war der Weg für die Männer frei, die schon lange die USA als Märchenland ansahen und in ihrem Republikwahn nicht erkannten, dass man einen liberaleren Mann als Dom Pedro auf der ganzen Welt nicht finden konnte. Abschaffung der Monarchie, das war ihre Devise um jeden Preis. Als Dom Pedro nach seiner langen Europareise nach Brasilien zurückkehrte, traf er keine Anstalten mehr, seinen Thron unbedingt zu behalten. Weise, wie er war, entschloss er sich zum Verzicht, als am 15. November 1889 die Republik ausgerufen wurde. Das Wohl des Landes ging ihm über alles. Fast unauffällig schiffte er sich mit seiner Familie in Richtung Europa ein, um in Portugal ins Exil zu gehen.

Es waren keine glücklichen Tage mehr, die Dom Pedro und seiner Gemahlin vergönnt waren, denn Teresa Cristina vertrug das feuchte Winterklima in Lissabon nicht und erkrankte so schwer, dass sie schon am 28. Dezember 1889 die Augen für immer schloss.

Der abgedankte Kaiser von Brasilien verbrachte die wenigen Jahre, die ihm noch vergönnt waren, als einfacher Mann in Paris, beinahe von Geldsorgen geplagt, denn er hatte das Familienvermögen in Brasilien zurückgelassen. Er bewohnte die letzten Monate seines Lebens ein einfaches Zimmer im Bedford-Hotel, wo er zunehmend mehr von seinen Leiden, die ihm schon lange das Leben vergällten, geplagt wurde. Die Diabetes war schlecht behandelt worden, Rotlauf und Gürtelrose verschlimmerten sich zusehends, sodass die beigezogenen Ärzte nur noch wenig Hoffnung auf Genesung hatten. Am 5. Dezember 1891 starb der Philosoph auf dem südamerikanischen Kaiserthron, der die Zeichen der Zeit zum Wohle seines Volkes studiert und umgesetzt hatte. Aber sein genialer Geist war von den Zeitgenossen nicht erkannt worden!

Danksagung

Viele Aspekte sind beim Zustandekommen eines Sachbuches von Bedeutung. Die richtigen Experten zur Hand zu haben, die dem Autor tatkräftig zur Seite stehen, ist einer der wichtigsten. Ich bin in der glücklichen Lage, ausgesprochen fachkundige Wissenschaftler auf den verschiedensten Gebieten zu kennen, die auf meine speziellen Fragen stets differenzierte und fundierte Antworten gewusst haben.

Deshalb bedanke ich mich ganz herzlich bei

Herrn Univ. Prof. Dr. Arno Buschmann für seine Auskünfte in rechtshistorischen Fragen;

Herrn Univ. Prof. Dr. Rudolf Gönner, der mir genaue Details über die Einführung der allgemeinen Schulpflicht zukommen ließ;

Herrn Univ. Prof. Dr. Reinhard Heinisch, der in einer Vorlesung über die Habsburger interessante Details erörtert hat;

Herrn Primarius Dr. Anton Heiser für die informativen Gespräche über die Geschichte der Medizin;

meinem Sohn Dr. Nikolaus Größing, mit dem ich immer wieder medizinische Probleme, die in früheren Zeiten aufgetreten sind, diskutiere;

meinem Schwiegersohn, Mag. Michael Wilfert für die immerwährende Hilfe in Computerfragen, ohne die dieses Buch wahrscheinlich nicht zustande gekommen wäre;

meinem Verleger, Herrn Dr. Herbert Fleissner, der mir schon seit langer Zeit die Gelegenheit bietet, im Amalthea Verlag zu veröffentlichen;

Frau Dr. Brigitte Sinhuber und Herrn Alfred Rankel, die in verständnisvoller Weise die Fertigstellung des Manuskripts abgewartet haben;

Frau Mag. Carina Kerschbaumsteiner und den übrigen Damen des Amalthea Verlages, die mit dem Lektorieren, der Bildrecherche sowie mit vielen anderen Arbeiten, die mit der Herstellung eines Buches einhergehen, beschäftigt waren;

und natürlich meinem lieben Mann Stefan, der mir nicht nur viele interessante Ideen liefert, sondern auch die Geduld aufbringt, die ein Ehemann haben muss, wenn seine Frau stunden-, tage-, wochenlang vor dem Computer sitzt und schreibt.

Allen, die bei der Entstehung des Buches mitgeholfen haben: Ein herzliches Danke!

Personenverzeichnis

Abraham a Sancta Clara 80
Adalbert von Preußen, Prinz 217
Agnes von Ungarn 21f.
Albert Kasimir von Sachsen-Teschen 96, 158
Albrecht I., König 31, 21, 152
Albrecht II. (auch Albrecht der Lahme oder Albrecht der Weise), Herzog von Österreich 13ff., 25ff., 35
Albrecht III., Herzog von Österreich 34
Albrecht von Bayern 54
Albrecht von Sachsen 48
Albrecht, Erzherzog 182
Alexander VI., Papst 53, 55, 64
Alfonso Leopoldo, Thronfolger 213
Alighieri, Dante 176
Altdorfer, Albrecht 56
Andrade e Silva, José Bonifácio de 202
Andreas III., König von Ungarn 21
Anna von Böhmen und Ungarn, Prinzessin 66
Anne de Bretagne 53

Barellai, Giovanni Filippo 152
Bartenstein, Johann Christoph Freiherr von 92
Beauharnais, Eugène de 201
Bell, Alexander Graham 222
Berthold von Mainz, Reichskanzler 63

Bonaparte, Napoléon 167, 201, 210
Bonaparte, Napoléon Franz 167
Botta, d'Adorno, Anton Marchese 135
Braganza, Familie 201, 210, 218
Brant, Sebastian 60
Burgkmair der Ältere, Hans 58
Caesar, Julius 27
Carl Ritter von Ghega 166
Celtis, Conrad 62
Claudia Felizitas von Österreich, Kaiserin 74f., 82
Clemens XIV., Papst 139
Cuspinian, Johannes 61

D'Aviano, Marco 88
Da Vinci, Leonardo 188
Daun, Leopold Joseph Graf von 109
De' Ricci, Scipione 136
Dießenhofen, Heinrich von 23
Domitilia, Dona 200
Dürer, Albrecht 55ff.

Eckhart von Hochheim, bekannt als Meister Eckhart 22
Eduard III. von England 17
Eleonore Helena von Portugal 41ff.
Eleonore Magdalene Therese von Pfalz-Neuburg 82
Eleonore Maria Josefa von Österreich, Königin von Polen 87

Elisabeth Christine von Braunschweig-Wolfenbüttel 91
Elisabeth von Österreich-Ungarn, Kaiserin 180ff., 191, 221
Elisabeth von Ungarn 21
Elisabeth, Zarin 100
Erdödy, »Mademoiselle« 128
Eugen Franz, Prinz von Savoyen-Carignan 84

Ferdinand I., Kaiser 161ff., 165, 167, 171
Ferdinand III., Kaiser 69
Ferdinand IV., König von Neapel-Sizilien 138
Ferdinand, Erzherzog 66
Francisco d'Orléans, Prinz Joinville 210f.
Frangipani, Franz Christoph 77f.
Franz I. Stephan von Lothringen 92ff., 117, 121, 123ff., 127, 132f.
Franz II. von Étampes 12
Franz II., Kaiser (= Franz I.) 10, 149, 205, 208
Franz Joseph I., Kaiser 10, 172, 178, 180ff., 188ff., 214, 221
Franz, Graf von Meran 172
Franziska Caroline von Portugal 201
Friedrich I. Barbarossa, Kaiser 27
Friedrich I. der Schöne, Herzog von Österreich und der Steiermark 13f.
Friedrich II. von Meißen 17
Friedrich II. von Preußen, König 93, 115ff.

Friedrich III., Kaiser 41ff.
Friedrich Wilhelm I., König von Preußen 109, 116, 144

Garibaldi, Giuseppe 178
Goess, Johannes, Graf 135
Gonzaga, Eleonora, Prinzessin 82
Gonzaga, Sigismondo, Kardinal 65
Gutenberg, Johannes 58

Hadik von Futak, Andreas 144
Hasenöhrl von Lagusius, Johann Georg 134
Haugwitz, Friedrich Wilhelm Graf von 104ff., 108f.
Haydn, Joseph 75
Heinrich VII., König 29
Heinrich VIII. Tudor, König von England 64
Helene in Bayern 180
Hermeto, Honório 217
Herzog von Abrantes 84
Hocher, Johann Paul 78, 80
Homar, Catalina 194, 196
Hugo, Victor 221

Innozenz VI., Papst 22, 30
Isaac, Heinrich 62
Isabella von Bourbon-Parma 131, 136, 151
Isabella von England 17

Jägerndorf, Paul von 29
Januaria Maria von Portugal 201, 206
Johann von Böhmen 38
Johann von Österreich, Erzherzog 142, 149ff.

Johann von Schwaben, Herzog von Österreich und Steyr, genannt Parricida 21, 152
Johannes XXII., Papst 14
Josef Wenzel I., Fürst von Liechtenstein 100
Joseph Ferdinand von Bayern 83
Joseph II., Kaiser 9, 99, 103ff., 121ff., 135ff., 143ff., 150ff.
Julius II., Papst 64f.

Karl der Große 145
Karl I. der Kühne 46
Karl II., König von Spanien 81ff.
Karl III., König von Spanien 131
Karl IV. von Luxemburg, Kaiser, König von Böhmen 17ff.
Karl V. von Lothringen 86ff., 92
Karl V., Kaiser 70
Karl VI., Kaiser 91ff.
Karl VII., Kaiser 97
Karl VIII. der Freundliche oder der Höfische 51ff.
Karl, Erzherzog 123
Karoline Auguste von Bayern 162, 170
Katharina von Luxemburg 17ff.
Kaunitz, Wenzel Anton Graf 144
Khevenhüller-Metsch, Johann Joseph Fürst von 107, 113, 124
Kinsky, Joseph, Graf 154
Koch, Robert 222
Kölderer, Jörg 56f.
Künigl, Philipp, Graf 127f.
Kunigunde von Österreich 42

Lallemant, Robert 222
Lang, Karl Heinrich Ritter von 145
Lenzburg, Johann Ribi von 30
Leopold I., Kaiser, König 8, 69ff.
Leopold II., Kaiser, König 9, 113, 121ff., 150, 152, 177f.
Leopold III. der Gerechte 34, 38
Leopold Wilhelm von Österreich, Erzherzog 82
Lobkowitz, Wenzel Eusebius von 77ff.
López, Francisco Solano 224f.
López, Pancho 225
Louis Philippe I. von Orleans 210
Ludwig der Brandenburger, Ludwig V., Ludwig I. 210
Ludwig I. der Große von Anjou 29
Ludwig I., König von Bayern 171, 180
Ludwig II., König von Böhmen und Ungarn 29, 66
Ludwig IV. der Bayer 13
Ludwig Viktor von Österreich 215
Ludwig XI. der Kluge, König von Frankreich 46ff., 51
Ludwig XII., König 64
Ludwig XIV., König 72, 74, 76, 80f., 83f.
Ludwig XV., König 97
Ludwig, Anton 153
Luíz Alves de Lima e Silva, Baron von Caxias 225
Lynch, Elisa 225

Margarete von Österreich 64f.
Margarita Theresa von Spanien 71ff.
Maria Amalia von Österreich 100, 123
Maria Anna von Österreich 123
Maria Antonia von Neapel-Sizilien 175, 177
Maria Christine von Österreich 123
Maria da Gloria = Maria II., Königin von Portugal 200f.
Maria Elisabeth von Österreich 123
Maria Josepha von Bayern 151
Maria Karoline von Österreich 138
Maria Leopoldine von Österreich 10
Maria Ludovika von Spanien 131, 134, 143, 146, 150
Maria Theresia von Österreich, Kaiserin 8f., 91ff., 121ff., 138, 151, 158
Maria Theresia von Spanien, Königin 81
Maria von Burgund 44ff., 67
Maria von Ungarn, Königin 66
Mariana, Dona 203
Marie Antoinette, Erzherzogin, Königin von Frankreich 111, 146
Marie-Louise von Habsburg 167
Markus von Aviano 88
Mathilde von Österreich-Teschen 182
Maultasch, Margarete 28ff., 38
Maximilian I., Kaiser von Österreich 7f., 41ff.

Meinhard III. 30, 38
Metternich, Clemens Wenzel Lothar von 149, 151, 154, 162f., 168, 170f.
Michael Korybut Wiśniowiecki, König von Polen 87
Mömpelgard, Johanna von 14
Montecuccoli, Raimondo, Graf 74, 78
Mottet, Graf 156
Mozart, Wolfgang Amadeus 108, 126
Müller, Johannes von 156

Nádasdy, Franz III. 77f.
Nero, Kaiser 27
Nogueira, Raffael 204

Orleans, Gastão, Conte d'Eu 216
Otto IV. der Fröhliche, Herzog von Österreich, Steiermark und Kärnten 13
Otto V. der Faule 39
Otto, König von Griechenland 171

Pascha, Kara Mustafa 85
Paula Mariana von Portugal 201
Pestalozzi, Johann Heinrich 141
Peter der Große, Zar 125
Peter I., Kaiser von Brasilien (Dom Pedro I.) 10
Peter II., Kaiser von Brasilien (Dom Pedro de Alcantara) 199ff.
Petrarca, Francesco 27
Pfirt, Johanna von 14ff.
Pfirt, Ulrich III. von 14
Pfirt, Ursula von 14

Philipp I. von Habsburg, der Schöne 48, 64
Philipp IV. von Spanien, König 81
Philipp Ludwig von Sinzendorf 92
Philipp V., König von Spanien (=Philipp von Anjou) 84
Pius II., Papst (Enea Silvio Piccolomini) 43
Plochl, Anna 161ff., 172f.,
Podewils, Otto Christoph Graf von 102, 106
Pyrker, Ladislaus 169

Raimondi, Livia 143
Rakoczy, Franz II. 84
Retiro, Liuz 204
Roosevelt, Franklin Delano 221
Rosenberg-Orsini, Franz Graf 135
Rousseau, Jean Jacques 151, 156
Rudolf IV. der Stifter, Herzog von Österreich 8, 13ff.
Rudolf, Kronprinz von Österreich-Ungarn 180f., 186f.

Salvator, Johann 183, 186, 194
Salvator, Ludwig 10, 175ff.
Schäufelein, Hans 58
Selbiger, Johann Ignaz von 115
Seuse, Heinrich 22
Sforza, Bianca Maria 54f.
Sforza, Ludovico Maria (genannt il Moro) 54
Silva-Tarouca, Emanuel Graf von 114
Sinelli, Emmerich, Bischof 80
Slatkonia, Georg von 60
Sobieski, Johann III. 86f.

Sonnenfels, Joseph Freiherr von 115
Starhemberg, Gundacker Thomas, Graf 92
Stoß, Veit 59
Stubel, Milli 183
Suchenwirt, Peter 36
Szelepcsényi, György (Erzbischof von Esztergom) 78
Szeps, Moriz 181, 186

Teresa Maria Cristina von Neapel-Sizilien 211
Thurn, Anton Graf 122, 127f.
Thurn, Franz Graf 135
Timandro, Rodrigues 218

Umberto I., König von Italien 182
Urban V., Papst 31, 33

van Swieten, Gerard 112ff., 124, 132
Verne, Jules 186f.
Vest, Lorenz Chrysanth von 169f.
Visconti, Bernabò 37
Vyborny, Vratislav 194

Wellenburg, Matthäus Kardinal Lang von 64f.
Welser, Philippine 161f.
Zahlbruckner, Johann 157

Zimmermann, Eberhard August Wilhelm von 142
Zrínyi, Niklas, Graf 76f.
Zrínyi, Péter 76

Literaturverzeichnis

Adelsbrief Kaiser Maximilians an Christoph Viertaller, Privatarchiv, Bruck a. d. Gl.
Adler, Guido: Einleitung zur Ausgabe der Compositionen Kaiser Ferdinands III., Leopolds I., Josephs I., Prag 1892
Adler, Guido: Musikalische Werke der Kaiser, Wien 1893
Alberti de Mazzeri, Silvia: Leonardo da Vinci, Düsseldorf 1995
Andics, Hellmut: Die Frauen der Habsburger, Wien–München–Zürich 1969
Arneth, Alfred v.: Geschichte Maria Theresias, ausgewählte Artikel, Wien 1863–1879
Baldass, Ludwig v.: Der Künstlerkreis Kaiser Maximilians I., Wien 1923
Baum, Wilhelm: Rudolf IV. der Stifter. Seine Welt und seine Zeit, Graz 1996
Baravalle, Robert: Die Inflation in der Steiermark zu Beginn von Erzherzog Johanns Aufbauarbeit (1810–1820), in: Zeitschrift des Historischen Vereins für Steiermark, Graz 1959
Begrich, Ursula: Die fürstliche Majestät Herzog Rudolf IV. von Österreich, 1965
Benedikt, Ernst: Kaiser Joseph II., 1741–1790, Wien 1947
Bernecker, Walther L.: Eine kleine Geschichte Brasiliens, Frankfurt a. M. 2000
Biener, Clemens: Entstehungsgeschichte des Weißkunig, in: Mitteilungen des Österreichischen Instituts f. Geschichtsforschung 44, 1930
Buchner, Rudolf: Maximilian I. Kaiser an der Zeitenwende, Göttingen–Berlin–Frankfurt 1959
Burg, Hermann (di Robert Baravalle): Erzherzog Johann. Der Mensch, sein Leben und Werk, Graz 1949
Chamberlin, Eric R.: Unheilige Päpste, Tübingen–Stuttgart o. J.
Christoph, Paul: Die letzten Briefe Maria Antoinettes, Wien 1953
Corti, Conte Egon Caesar: Metternich und die Frauen, Zürich–Wien 1948

Corti, Conte Egon Caesar: Die Kaiserin. Anekdoten um Maria Theresia, Graz–Wien–Köln 1953
Crankshaw, Edward: Maria Theresia. Die mütterliche Majestät, München–Zürich–Wien 1970
Diem, Carl: Weltgeschichte des Sports, Stuttgart 1971
Egg, Erich: Maximilian und die Kunst, in: Ausstellungskatalog, Innsbruck o. J
Fichtenau, Heinrich: Der junge Maximilian, Wien 1959
Fichtenau, Heinrich: Die Lehrbücher Maximilians I. und die Anfänge der Frakturschrift, in: Ausstellungskatalog Maximilian I., Innsbruck o. J
Frey, Anton: Kurzer Abriss des Reichsverwesers Erzherzog Johanns, Nürnberg 1848
Freyre, Gilberto: Herrenhaus und Sklavenhütte. Ein Bild der brasilianischen Gesellschaft, Köln–Berlin 1965
Freyreiß, Georg Wilhelm F.: Beiträge zur näheren Kenntnis des Kaisertums Brasilien, 1. Bd., Frankfurt 1824
Gebhard, Bruno: Handbuch der deutschen Geschichte, 4 Bde., Stuttgart 1954
Geramb, Viktor v.: Ein Leben für die anderen. Erzherzog Johann und die Steiermark, Wien 1959
Giese, Günther G.: Turnier um die Tiara, in: Damals, o. O. 1990
Größing, Helmuth und Franz Stuhlhofer: Versuch einer Deutung der Rolle der Astrologie in den persönlichen und politischen Entscheidungen einiger Habsburger des Spätmittelalters, Wien 1980
Größing, Sigrid-Maria: Amor im Hause Habsburg, Wien 1990
Größing, Sigrid-Maria: Karl V. Herrscher zwischen den Zeiten und seine europäische Familie, Wien–München 1999
Größing, Sigrid-Maria: Tragödien im Hause Habsburg, Wien 2006
Größing, Sigrid-Maria: Um Macht und Glück, Wien 2008
Guis McGuigan, Dorothy: Familien Habsburg, München–Wien–Zürich 1967
Gutkas, Karl: Kaiser Joseph II. Eine Biographie, Wien 1989
Hamann, Brigitte (Hg.): Die Habsburger. Ein biographisches Lexikon, Wien 1988
Handelmann, Heinrich: Geschichte von Brasilien, Berlin 1860
Hantsch, Hugo: Die Geschichte Österreichs bis 1648, Graz–Wien–Köln 1994

Heer, Friedrich: Das Glück der Maria Theresia, Wien–München 1966
Hennings, Fred: Und sitzet zur linken Hand, Wien 1961
Herm, Gerhart: Der Aufstieg des Hauses Habsburg, Düsseldorf–Wien–New York 1992
Herre, Franz: Maria Theresia. Die große Habsburgerin, Wien 1994
Heyck, Eduard: Kaiser Maximilian I., Bielefeld–Leipzig 1898
Hochrinner, Heidemarie: Bianca Maria Sforza, Dissertation, Graz 1966
Hofmann, Christina: Das spanische Hofzeremoniell von 1500–1700, Frankfurt 1985
Hubensteiner, Benno: Bayerische Geschichte, München 1980
Huber, Alfons: Rudolf IV. (1339–1365), in: Allgemeine Deutsche Biographie, Bd. 29, Leipzig 1889
Ilwolf, Franz: Geschichte der Wechselseitigen Brandschadensversicherungsanstalt, Graz 1879
Ketösy, Graf M.: Habsburgische Mesalliancen und Liebesaffairen im 19. Jahrhundert, Leipzig 1900
Kienzl, Florian: Kaiser von Brasilien: Herrschaft und Sturz Pedros I. und Pedros II., Berlin 1942
Koschatzky, Walter (Hg.): Johann, Erzherzog von Österreich: Der Brandhofer und seine Hausfrau, Graz 1978
Kostenzer, Otto: Medizin um 1500, Ausstellungskatalog, Innsbruck o. J.
Kramar Konrad und Petra Stuiber: Habsburgs leere Kassen, Wien 2001
Kernmayr, Hans Gustl: Erzherzog Johanns große Liebe. Die Liebe der steirischen Postmeisterstochter Anna Plochl mit Erzherzog Johann, Gmunden/Bad Ischl 1949
Kruedener, Jürgen Freiherr v.: Die Rolle des Hofes im Absolutismus (Forschungen zur Sozial- und Wirtschaftsgeschichte Bd. 19), Stuttgart 1973
Leitich, Ann Tizia: Vienna Gloriosa, Wien 1947
Leitich, Ann Tizia: Der Kaiser mit dem Granatapfel, Hamburg 1955
Leitner, Thea: Habsburgs goldene Bräute, Wien 2000
Lhotzky, Alphons: Das Haus Habsburg, Wien 1970
Lhotsky, Alphons.: Die Problematik der geschichtlichen Erscheinung Rudolf IV. von Österreich, in: Aufsätze und Vorträge, Bd. 5, 1976

Magenschab, Hans: Joseph II., Revolutionär von Gottes Gnaden, Graz–Wien–Köln 1981
Magenschab, Hans: Erzherzog Johann. Habsburgs grüner Rebell, Graz– Wien–Köln 1982
Marialva, Marques de: Marie Louise, nachgelassene Korrespondenz, München 1958
Martin, Franz: Salzburgs Fürsten in der Barockzeit, Salzburg 1949
Martindale, Andrew: Die Renaissance, New York 1967
Maximilian-Horoskop NB, Codex (Die übersetzten Stellen und Originalzitate aus dem Geburtshoroskop Maximilians I. stammen aus einer in Arbeit befindlichen kritischen Edition von Univ. Prof. Dr. Helmuth Größing, Wien)
Mikoletzky, Lorenz: Kaiser Franz I. Stephan und der Ursprung des habsburgisch-lothringischen Familienvermögens, München 1961
Mikoletzky, Lorenz: Kaiser Joseph II, Göttingen–Zürich–Frankfurt 1979
Mostar, Herrmann: Weltgeschichte höchst privat, Stuttgart 1954
Mraz, Gerda und Gottfried: Maria Theresia und ihre Zeit in Bildern und Dokumenten, München 1970
Oberacker, Carlos H.: Habsburgs Kaiserin von Brasilien, Wien–München 1988
Pangels, Charlotte: Die Kinder Maria Theresias. Leben und Schicksal in kaiserlichem Glanz, München 1980
Peham, Helga: Leopold II. Herrscher mit weiser Hand, Graz–Wien–Köln 1987
Perrig, Severin (Hg.): Aus mütterlicher Wohlmeinung, Kaiserin Maria Theresia und ihre Kinder. Eine Korrespondenz. Weimar 1999
Pesendorfer, Franz: Die Habsburger in der Toskana, Wien 1988
Pickl, Othmar (Hg): Erzherzog Johann von Österreich, Graz 1982
Plaschka, Richard Georg (Red.), Österreich im Europa der Aufklärung. Kontinuität und Zäsur in Europa zur Zeit Maria Theresias und Josephs II., Bd 2, Wien 1985
Pribram, Alfred F.: Aus dem Berichte eines Franzosen über den Wiener Hof in den Jahren 1671 und 1672, in: MIÖG 12, 1891
Prochazka, Werner A.: Erzherzog Johann von Österreich, 3 Bde., Graz 2009
Raithel, Richard: Maria Theresia und Joseph II ohne Purpur, Wien 1954
Rausch, Karl: Die burgundische Heirat Maximilians I., Wien 1880

Redlich, Oswald: Weltmacht des Barock, Österreich in der Zeit Kaiser Leopolds I., Wien 1961 (4. Aufl.)
Redlich, Oswald: Das Werden einer Großmacht, Österreich von 1700–1748, Wien 1942 (3. Aufl.)
Redlich, Oswald: Über Kunst und Kultur des Barock in Österreich, AOG, 115, 1943
Reinhold, Peter: Maria Theresia, Frankfurt 1979
Rupprich Hans: Das literarische Werk Kaiser Maximilians I., Ausstellungskatalog, Innsbruck o. J.
Schaeffer, Emil: Habsburger schreiben Briefe, Leipzig 1935
Schlossar, Anton: Erzherzog Johann und seine Bedeutung für die Steiermark, Graz 1878
Schlossar, Anton: Aus Erzherzog Johanns Tagebuch. Eine Reise in die Obersteiermark im Jahre 1810, Graz 1882
Schlossar, Anton: Erzherzog Johann und die Anfänge des Eisenbahnwesens in Österreich, in: Allgemeine Österreichische Literaturzeitung, 1885
Schlossar, Anton: Der Steiermärkische Gewerbeverein 1837–1887, Graz 1887
Seligmann, Kurt: Das Weltreich der Magie, Wiesbaden 1979
Senfelder, Leopold: Kaiser Maximilians letzte Lebensjahre und Tod, in: Blätter des Vereins für Landeskunde in Niederösterreich, Bd. 32, o. O. 1898
Senn, Walter: Maximilian und die Musik, in: Ausstellungskatalog, Innsbruck o. J.
Spielman, John P.: Leopold I. Zur Macht nicht geboren, Grau 1981
Strohmeyer, Hannes: Beiträge zur Geschichte des Sports in Österreich, Wien 1999
Srbik, Heinrich Ritter von: Abenteurer am Hofe Kaiser Leopolds I. Alchemie, Technik und Merkantilismus, in: Archiv für Kulturgeschichte, 8, 1910
Theiß, Viktor: Erzherzog Johann, der steirische Prinz, Wien–Graz–Köln 1982
Tschuppik, Karl: Maria Theresia, Amsterdam 1934
Ulmann, Heinrich: Kaiser Maximilian I., 2 Bde., Stuttgart 1884–1891
Unger, Helga (Hg.): Teuerdank, Kaiser Maximilian I., München 1968
Vallotton, Henry: Kaiserin Maria Theresia. Herrscherin und Mutter, o. O. o. J.

Literaturverzeichnis

Vossen, Carl: Maria von Burgund, Stuttgart 1965
Wagner, Georg: Maximilian I. und die politische Propaganda, Ausstellungskatalog Innsbruck o. J.
Waldegg, Richard: Sittengeschichte von Wien, Stuttgart–Bad Cannstatt 1957
Wandruzka, Adam: Leopold II. Erzherzog von Österreich, Großherzog von Toskana, König von Ungarn und Böhmen, Römischer Kaiser, 2 Bde., Wien 1963–1965
Wangermann, Ernst: Aufklärung und staatsbürgerliche Erziehung. Gottfried van Swieten als Reformer des österreichischen Unterrichtswesens 1781–1791, Wien 1978
Weissensteiner, Friedrich: Die Töchter Maria Theresias, Wien 1994
Wiesflecker, Hermann: Friedrich III. und der junge Maximilian, Wiener Neustadt 1966
Winkler, Will: Kaiser Maximilian I., München 1950
Wöhlcke, Manfred: 500 Jahre Brasilien. Die Entstehung einer Nation, Strasshof 2000
Wolf, Susanne: Probleme der Doppelregierung Kaiser Friedrichs III. und König Maximilians (1486–1493), in: Maximilian I. von seiner Geburt bis zur Alleinherrschaft 1459–1493, Wiener Neustadt 2000
Wurzbach, Constantin von: Rudolf IV. der Stifter, der erste Erzherzog. Nr 278 Biographisches Lexikon des Kaiserthums Oesterreich, Bd. 7 (1861), Wien 1856–1891
Zierl, Antonia: Kaiserin Eleonore und ihr Kreis, Unveröffentlichte Dissertation, Wien 1966
Zöllner, Erich: Geschichte Österreichs, Wien 1974